PREFACIO

La colección de guías de conversación para viajar "Todo irá bien" publicada por T&P Books está diseñada para personas que viajan al extranjero para turismo y negocios. Las guías contienen lo más importante - los elementos esenciales para una comunicación básica.Éste es un conjunto de frases imprescindibles para "sobrevivir" mientras está en el extranjero.

Esta guía de conversación le ayudará en la mayoría de los casos donde usted necesite pedir algo, conseguir direcciones, saber cuánto cuesta algo, etc. Puede también resolver situaciones difíciles de la comunicación donde los gestos no pueden ayudar.

Este libro contiene muchas frases que han sido agrupadas según los temas más relevantes. Una sección separada del libro también ofrece un pequeño diccionario con más de 1.500 palabras importantes y útiles.

Llévese la guía de conversación "Todo irá bien" en el camino y tendrá una insustituible compañera de viaje que le ayudará a salir de cualquier situación y le enseñará a no temer hablar con extranjeros.

TABLA DE CONTENIDOS

T&P Books Publishing

Colección de guías de conversación
"¡Todo irá bien!"

T&P Books Publishing

GUÍA DE CONVERSACIÓN
— UCRANIANO —

LAS PALABRAS Y LAS FRASES MÁS ÚTILES

Esta Guía de Conversación
contiene las frases y las
preguntas más comunes
necesitadas para una
comunicación básica
con extranjeros

Andrey Taranov

T&P BOOKS

Guía de conversación + diccionario de 1500 palabras

Guía de conversación Español-Ucraniano y diccionario conciso de 1500 palabras

por Andrey Taranov

La colección de guías de conversación para viajar "Todo irá bien" publicada por T&P Books está diseñada para personas que viajan al extranjero para turismo y negocios. Las guías contienen lo más importante - los elementos esenciales para una comunicación básica. Éste es un conjunto de frases imprescindibles para "sobrevivir" mientras está en el extranjero.

Una otra sección del libro también ofrece un pequeño diccionario con más de 1.500 palabras útiles. El diccionario incluye muchos términos gastronómicos y será de gran ayuda para pedir los alimentos en un restaurante o comprando comestibles en la tienda.

T&P Books Publishing
www.tpbooks.com

ISBN: 978-1-78616-903-7

Este libro está disponible en formato electrónico o de E-Book también.
Visite www.tpbooks.com o las librerías electrónicas más destacadas en la Red.

PRONUNCIACIÓN

La letra	Ejemplo ucraniano	T&P alfabeto fonético	Ejemplo español

Las vocales

A a	акт	[a]	radio
E e	берет	[e], [ɛ]	princesa
Є є	модельєр	[ɛ]	mes
И и	ритм	[k]	charco
I і	компанія	[i]	ilegal
Ї ї	поїзд	[ji]	gallina
O o	око	[ɔ]	costa
У у	буря	[u]	mundo
Ю ю	костюм	[ʲu]	lluvia
Я я	маяк	[ja], [ʲa]	cambiar

Las consonantes

Б б	бездна	[b]	en barco
В в	вікно	[w]	acuerdo
Г г	готель	[h]	amigo, magnífico
Ґ ґ	ґудзик	[g]	jugada
Д д	дефіс	[d]	desierto
Ж ж	жанр	[ʒ]	adyacente
З з	зброя	[z]	desde
Й й	йти	[j]	asiento
К к	крок	[k]	charco
Л л	лев	[l]	lira
М м	мати	[m]	nombre
Н н	назва	[n]	número
П п	приз	[p]	precio
Р р	радість	[r]	era, alfombra
С с	сон	[s]	salva
Т т	тир	[t]	torre
Ф ф	фарба	[f]	golf
Х х	холод	[h]	registro
Ц ц	церква	[ts]	tsunami
Ч ч	час	[tʃ]	mapache

La letra	Ejemplo ucraniano	T&P alfabeto fonético	Ejemplo español
Ш ш	шуба	[ʃ]	shopping
Щ щ	щука	[ɕ]	China
ь	камінь	[ʲ]	signo blando, no tiene sonido
ъ	ім'я	[ʲ]	signo duro, no tiene sonido

LISTA DE ABREVIATURAS

Abreviatura en español

adj	-	adjetivo
adv	-	adverbio
anim.	-	animado
conj	-	conjunción
etc.	-	etcétera
f	-	sustantivo femenino
f pl	-	femenino plural
fam.	-	uso familiar
fem.	-	femenino
form.	-	uso formal
inanim.	-	inanimado
innum.	-	innumerable
m	-	sustantivo masculino
m pl	-	masculino plural
m, f	-	masculino, femenino
masc.	-	masculino
mat	-	matemáticas
mil.	-	militar
num.	-	numerable
p.ej.	-	por ejemplo
pl	-	plural
pron	-	pronombre
sg	-	singular
v aux	-	verbo auxiliar
vi	-	verbo intransitivo
vi, vt	-	verbo intransitivo, verbo transitivo
vr	-	verbo reflexivo
vt	-	verbo transitivo

Abreviatura en ucraniano

ж	-	sustantivo femenino
мн	-	plural
с	-	neutro
ч	-	sustantivo masculino

T&P BOOKS

GUÍA DE CONVERSACIÓN UCRANIANO

Esta sección contiene frases importantes que pueden resultar útiles en varias situaciones de la vida real. La Guía le ayudará a pedir direcciones, aclaración sobre precio, comprar billetes, y pedir alimentos en un restaurante

T&P Books Publishing

CONTENIDO DE LA GUÍA DE CONVERSACIÓN

T&P Books Publishing

Lo más imprescindible

Perdone, …

Вибачте, …
['wɪbatʃtɛ, …]

Hola.

Добрий день.
['dɔbrɪj dɛnʲ.]

Gracias.

Дякую.
['dʲakuʲu.]

Sí.

Так.
[tak.]

No.

Ні.
[ni.]

No lo sé.

Я не знаю.
[ja nɛ 'znaʲu.]

¿Dónde? | ¿A dónde? | ¿Cuándo?

Де? | Куди? | Коли?
[dɛ? | ku'dɪ? | ko'lɪ?]

Necesito …

Мені потрібен …
[mɛ'ni po'tribɛn …]

Quiero …

Я хочу …
[ja 'hɔtʃu …]

¿Tiene …?

У вас є …?
[u was 'ɛ …?]

¿Hay … por aquí?

Тут є …?
[tut ɛ …?]

¿Puedo …?

Чи можна мені …?
[tʃi 'mɔʒna mɛ'ni …?]

…, por favor? (petición educada)

Будь ласка
[budʲ 'laska]

Busco …

Я шукаю …
[ja ʃu'kaʲu …]

el servicio

туалет
[tua'lɛt]

un cajero automático

банкомат
[banko'mat]

una farmacia

аптеку
[ap'tɛku]

el hospital

лікарню
[li'karnʲu]

---

la comisaría

поліцейську дільницю
[poli'tsɛjsʲku dilʲ'nitsʲu]

el metro

метро
[mɛt'rɔ]

---

un taxi	**таксі** [tak'si]
la estación de tren	**вокзал** [wok'zal]

Me llamo …	**Мене звуть ...** [mɛ'nɛ zwutʲ …]
¿Cómo se llama?	**Як вас звуть?** [jak was 'zwutʲ?]
¿Puede ayudarme, por favor?	**Допоможіть мені, будь ласка.** [dopomo'ʒitʲ mɛ'ni, budʲ 'laska.]
Tengo un problema.	**У мене проблема.** [u 'mɛnɛ prob'lɛma.]
Me encuentro mal.	**Мені погано.** [mɛ'ni po'ɦano.]
¡Llame a una ambulancia!	**Викличте швидку!** ['wiklitʃtɛ ʃwid'ku!]
¿Puedo llamar, por favor?	**Чи можна мені зателефонувати?** [tʃi 'mɔʒna mɛ'ni zatɛlɛfonu'wati?]

Lo siento.	**Прошу вибачення** ['prɔʃu 'wibatʃɛnʲa]
De nada.	**Прошу** ['prɔʃu]

Yo	**я** [ja]
tú	**ти** [ti]
él	**він** [win]
ella	**вона** [wo'na]
ellos	**вони** [wo'nɨ]
ellas	**вони** [wo'nɨ]
nosotros /nosotras/	**ми** [mɨ]
ustedes, vosotros	**ви** [wɨ]
usted	**Ви** [wɨ]

ENTRADA	**ВХІД** [whid]
SALIDA	**ВИХІД** ['wɨhid]
FUERA DE SERVICIO	**НЕ ПРАЦЮЄ** [nɛ pra'tsʲuɛ]
CERRADO	**ЗАКРИТО** [za'krito]

ABIERTO

ВІДКРИТО
[wid'krito]

PARA SEÑORAS

ДЛЯ ЖІНОК
[dlʲa ʒi'nɔk]

PARA CABALLEROS

ДЛЯ ЧОЛОВІКІВ
[dlʲa ʧolowi'kiw]

Preguntas

¿Dónde?

Де?
[dɛ?]

¿A dónde?

Куди?
[ku'di?]

¿De dónde?

Звідки?
['zwidki?]

¿Por qué?

Чому?
[ʧo'mu?]

¿Con que razón?

Навіщо?
[na'wiɕo?]

¿Cuándo?

Коли?
[ko'li?]

¿Cuánto tiempo?

Скільки часу?
['skilʲki 'ʧasu?]

¿A qué hora?

О котрій?
[o kot'rij?]

¿Cuánto?

Скільки коштує?
['skilʲki 'koʃtuɛ?]

¿Tiene ...?

У вас є ...?
[u was 'ɛ ...?]

¿Dónde está ...?

Де знаходиться ...?
[dɛ zna'hoditʲsʲa ...?]

¿Qué hora es?

Котра година?
[ko'tra ɦo'dina?]

¿Puedo llamar, por favor?

Чи можна мені зателефонувати?
[ʧi 'moʒna mɛ'ni zatɛlɛfonu'wati?]

¿Quién es?

Хто там?
[hto tam?]

¿Se puede fumar aquí?

Чи можна мені тут палити?
[ʧi 'moʒna mɛ'ni tut pa'liti?]

¿Puedo ...?

Чи можна мені ...?
[ʧi 'moʒna mɛ'ni ...?]

Necesidades

Quisiera …	**Я б хотів /хотіла/ …** [ja b ho'tiw /ho'tila/ …]
No quiero …	**Я не хочу …** [ja nɛ 'hɔʧu …]
Tengo sed.	**Я хочу пити.** [ja 'hɔʧu 'piti.]
Tengo sueño.	**Я хочу спати.** [ja 'hɔʧu 'spati.]

Quiero …	**Я хочу …** [ja 'hɔʧu …]
lavarme	**вмитися** ['wmitisʲa]
cepillarme los dientes	**почистити зуби** [po'ʧistiti 'zubi]
descansar un momento	**трохи відпочити** ['trɔhɨ widpo'ʧiti]
cambiarme de ropa	**переодягнутися** [pɛrɛodʲaɦ'nutisʲa]

volver al hotel	**повернутися в готель** [powɛr'nutisʲa w ho'tɛlʲ]
comprar …	**купити …** [ku'piti …]
ir a …	**з'їздити в …** ['zʲizditi w …]
visitar …	**відвідати …** [wid'widatɨ …]
quedar con …	**зустрітися з …** [zust'ritisʲa z …]
hacer una llamada	**зателефонувати** [zatɛlɛfonu'wati]

Estoy cansado /cansada/.	**Я втомився /втомилася/.** [ja wto'miwsʲa /wto'milasʲa/.]
Estamos cansados /cansadas/.	**Ми втомилися.** [mɨ wto'milisʲa.]
Tengo frío.	**Мені холодно.** [mɛ'ni 'hɔlodno.]
Tengo calor.	**Мені спекотно.** [mɛ'ni spɛ'kɔtno.]
Estoy bien.	**Мені нормально.** [mɛ'ni nor'malʲno.]

Tengo que hacer una llamada.	**Мені треба зателефонувати.** [mɛ'ni 'trɛba zatɛlɛfonu'wati.]
Necesito ir al servicio.	**Мені треба в туалет.** [mɛ'ni 'trɛba w tua'lɛt.]
Me tengo que ir.	**Мені вже час.** [mɛ'ni wʒɛ ʧas.]
Me tengo que ir ahora.	**Мушу вже йти.** ['muʃu wʒɛ jtɨ.]

Preguntar por direcciones

Perdone, …	**Вибачте, …** ['wibatʃtɛ, …]
¿Dónde está …?	**Де знаходиться …?** [dɛ zna'hɔditʲsʲa …?]
¿Por dónde está …?	**В якому напрямку знаходиться …?** [w ja'kɔmu 'naprʲamku zna'hɔditʲsʲa …?]
¿Puede ayudarme, por favor?	**Допоможіть мені, будь ласка.** [dopomo'ʒitʲ mɛ'ni, budʲ 'laska.]

Busco …	**Я шукаю …** [ja ʃu'kaʲu …]
Busco la salida.	**Я шукаю вихід.** [ja ʃu'kaʲu 'wihid.]
Voy a …	**Я їду в …** [ja 'idu w …]
¿Voy bien por aquí para …?	**Чи правильно я йду …?** [tʃi 'prawilʲno ja jdu …?]

¿Está lejos?	**Це далеко?** [tsɛ da'lɛko?]
¿Puedo llegar a pie?	**Чи дійду я туди пішки?** [tʃi dij'du ja tu'di 'piʃki?]
¿Puede mostrarme en el mapa?	**Покажіть мені на карті, будь ласка.** [poka'ʒitʲ mɛ'ni na 'karti, budʲ 'laska.]
Por favor muestreme dónde estamos.	**Покажіть, де ми зараз.** [poka'ʒitʲ, dɛ mi 'zaraz.]

Aquí	**Тут** [tut]
Allí	**Там** [tam]
Por aquí	**Сюди** [sʲu'di]

Gire a la derecha.	**Поверніть направо.** [powɛr'nitʲ na'prawo.]
Gire a la izquierda.	**Поверніть наліво.** [powɛr'nitʲ na'liwo.]
la primera (segunda, tercera) calle	**перший (другий, третій) поворот** ['pɛrʃij ('druhij, 'trɛtij) powo'rɔt]
a la derecha	**направо** [na'prawo]

a la izquierda

наліво
[na'liwo]

Siga recto.

Ідіть прямо.
[i'dit⁼ 'pr⁼amo.]

Carteles

¡BIENVENIDO!	**ЛАСКАВО ПРОСИМО** [las'kawo 'prɔsimo]
ENTRADA	**ВХІД** [whid]
SALIDA	**ВИХІД** ['wihid]

EMPUJAR	**ВІД СЕБЕ** [wid 'sɛbɛ]
TIRAR	**ДО СЕБЕ** [do 'sɛbɛ]
ABIERTO	**ВІДКРИТО** [wid'krito]
CERRADO	**ЗАКРИТО** [za'krito]

PARA SEÑORAS	**ДЛЯ ЖІНОК** [dlʲa ʒi'nɔk]
PARA CABALLEROS	**ДЛЯ ЧОЛОВІКІВ** [dlʲa ʧolowi'kiw]
CABALLEROS	**ЧОЛОВІЧИЙ ТУАЛЕТ** [ʧolo'wiʧij tua'lɛt]
SEÑORAS	**ЖІНОЧИЙ ТУАЛЕТ** [ʒi'nɔʧij tua'lɛt]

REBAJAS	**ЗНИЖКИ** ['zniʒki]
VENTA	**РОЗПРОДАЖ** [roz'prɔdaʒ]
GRATIS	**БЕЗКОШТОВНО** [bɛzkoʃ'towno]
¡NUEVO!	**НОВИНКА!** [no'winka!]
ATENCIÓN	**УВАГА!** [u'waɦa!]

COMPLETO	**МІСЦЬ НЕМАЄ** [mists nɛ'maɛ]
RESERVADO	**ЗАРЕЗЕРВОВАНО** [zarɛzɛr'wɔwano]
ADMINISTRACIÓN	**АДМІНІСТРАЦІЯ** [admini'straʦiʲa]
SÓLO PERSONAL AUTORIZADO	**ТІЛЬКИ ДЛЯ ПЕРСОНАЛУ** ['tilʲki dlʲa pɛrso'nalu]

CUIDADO CON EL PERRO	**ЗЛИЙ СОБАКА** [zlij so'baka]
NO FUMAR	**НЕ ПАЛИТИ!** [nɛ pa'liti!]
NO TOCAR	**РУКАМИ НЕ ТОРКАТИСЯ!** [ru'kami nɛ tor'katisʲa!]

PELIGROSO	**НЕБЕЗПЕЧНО** [nɛbɛz'pɛʧno]
PELIGRO	**НЕБЕЗПЕКА** [nɛbɛz'pɛka]
ALTA TENSIÓN	**ВИСОКА НАПРУГА** [wi'sɔka na'pruɦa]
PROHIBIDO BAÑARSE	**КУПАТИСЯ ЗАБОРОНЕНО** [ku'patisʲa zabo'rɔnɛno]

FUERA DE SERVICIO	**НЕ ПРАЦЮЄ** [nɛ pra'ʦʲuɛ]
INFLAMABLE	**ВОГНЕНЕБЕЗПЕЧНО** ['woɦnɛ nɛbɛz'pɛʧno]
PROHIBIDO	**ЗАБОРОНЕНО** [zabo'rɔnɛno]
PROHIBIDO EL PASO	**ПРОХІД ЗАБОРОНЕНИЙ** [pro'hid zabo'rɔnɛnij]
RECIÉN PINTADO	**ПОФАРБОВАНО** [pofar'bowano]

CERRADO POR RENOVACIÓN	**ЗАКРИТО НА РЕМОНТ** [za'krito na rɛ'mɔnt]
EN OBRAS	**РЕМОНТНІ РОБОТИ** [rɛ'mɔntni ro'bɔti]
DESVÍO	**ОБ'ЇЗД** [ob"izd]

Transporte. Frases generales

el avión	**літак** [li'tak]
el tren	**поїзд** ['pɔizd]
el bus	**автобус** [aw'tɔbus]
el ferry	**пором** [po'rɔm]
el taxi	**таксі** [tak'si]
el coche	**автомобіль** [awtomo'bilʲ]
el horario	**розклад** ['rɔzklad]
¿Dónde puedo ver el horario?	**Де можна подивитися розклад?** [dɛ 'mɔʒna podi'witisʲa 'rɔzklad?]
días laborables	**робочі дні** [ro'bɔʧi dni]
fines de semana	**вихідні дні** [wihid'ni dni]
días festivos	**святкові дні** [swʲat'kɔwi dni]
SALIDA	**ВІДПРАВЛЕННЯ** [wid'prawlɛnʲa]
LLEGADA	**ПРИБУТТЯ** [pribut'tʲa]
RETRASADO	**ЗАТРИМУЄТЬСЯ** [za'trimuɛtʲsʲa]
CANCELADO	**ВІДМІНЕНИЙ** [wid'minɛnij]
siguiente (tren, etc.)	**наступний** [na'stupnij]
primero	**перший** ['pɛrʃij]
último	**останній** [os'tanij]
¿Cuándo pasa el siguiente ...?	**Коли буде наступний ...?** [ko'li 'budɛ na'stupnij ...?]
¿Cuándo pasa el primer ...?	**Коли відправляється перший ...?** [ko'li widpraw'lʲaɛtʲsʲa 'pɛrʃij ...?]

¿Cuándo pasa el último …?   **Коли відправляється останній ...?**
                                              [ko'li widpraw'lʲaɛtʲsʲa os'tanij …?]

el trasbordo (cambio de trenes, etc.)   **пересадка**
                                              [pɛrɛ'sadka]

hacer un trasbordo   **зробити пересадку**
                                              [zro'biti pɛrɛ'sadku]

¿Tengo que hacer un trasbordo?   **Чи потрібно мені робити пересадку?**
                                              [ʧi pot'ribno mɛ'ni ro'biti pɛrɛ'sadku?]

Comprar billetes

¿Dónde puedo comprar un billete?
Де я можу купити квитки?
[dɛ ja 'mɔʒu ku'piti kwit'ki?]

el billete
квиток
[kwi'tɔk]

comprar un billete
купити квиток
[ku'piti kwi'tɔk]

precio del billete
вартість квитка
['wartistʲ kwit'ka]

¿Para dónde?
Куди?
[ku'di?]

¿A qué estación?
До якої станції?
[do ja'kɔi 'stantsii?]

Necesito …
Мені потрібно …
[mɛ'ni po'tribno …]

un billete
один квиток
[o'din kwi'tɔk]

dos billetes
два квитки
[dwa kwit'ki]

tres billetes
три квитки
[tri kwit'ki]

sólo ida
в один кінець
[w o'din ki'nɛts]

ida y vuelta
туди і назад
[tu'di i na'zad]

en primera (primera clase)
перший клас
['pɛrʃij klas]

en segunda (segunda clase)
другий клас
['druɦij klas]

hoy
сьогодні
[sʲo'ɦodni]

mañana
завтра
['zawtra]

pasado mañana
післязавтра
[pislʲa'zawtra]

por la mañana
вранці
['wrantsi]

por la tarde
вдень
['wdɛnʲ]

por la noche
ввечері
['wvɛtʃɛri]

asiento de pasillo	**місце біля проходу** ['mistsɛ 'bilʲa pro'hɔdu]
asiento de ventanilla	**місце біля вікна** ['mistsɛ 'bilʲa wik'na]
¿Cuánto cuesta?	**Скільки?** ['skilʲki?]
¿Puedo pagar con tarjeta?	**Чи можу я заплатити карткою?** [tʃi 'mɔʒu ja zapla'titi 'kartkoʲu?]

Autobús

el autobús	**автобус** [aw'tɔbus]
el autobús interurbano	**міжміський автобус** [miʒmisʲˈkij aw'tɔbus]
la parada de autobús	**автобусна зупинка** [aw'tɔbusna zu'pinka]
¿Dónde está la parada de autobuses más cercana?	**Де найближча автобусна зупинка?** [dɛ najbˈliʒtʃa aw'tɔbusna zu'pinka?]
número	**номер** ['nɔmɛr]
¿Qué autobús tengo que tomar para …?	**Який автобус їде до …?** [ja'kij aw'tɔbus 'idɛ do …?]
¿Este autobús va a …?	**Цей автобус їде до …?** [tsɛj aw'tɔbus 'idɛ do …?]
¿Cada cuanto pasa el autobús?	**Як часто ходять автобуси?** [jak 'tʃasto 'hɔdʲatʲ aw'tɔbusi?]
cada 15 minutos	**кожні 15 хвилин** ['kɔʒni pʲjat'nadtsʲatʲ hwi'lin]
cada media hora	**щопівгодини** [çopiwɦo'dini]
cada hora	**щогодини** [çoɦo'dini]
varias veces al día	**кілька разів на день** ['kilʲka ra'ziw na dɛnʲ]
… veces al día	**… разів на день** [… ra'ziw na 'dɛnʲ]
el horario	**розклад** ['rɔzklad]
¿Dónde puedo ver el horario?	**Де можна подивитися розклад?** [dɛ 'mɔʒna podi'witisʲa 'rɔzklad?]
¿Cuándo pasa el siguiente autobús?	**Коли буде наступний автобус?** [ko'li 'budɛ na'stupnij aw'tɔbus?]
¿Cuándo pasa el primer autobús?	**Коли відправляється перший автобус?** [ko'li widpraw'lʲaɛtʲsʲa 'pɛrʃij aw'tɔbus?]
¿Cuándo pasa el último autobús?	**Коли їде останній автобус?** [ko'li 'idɛ os'tanij aw'tɔbus?]
la parada	**зупинка** [zu'pinka]

la siguiente parada

наступна зупинка
[na'stupna zu'pinka]

la última parada

кінцева зупинка
[kin'tsɛwa zu'pinka]

Pare aquí, por favor.

Зупиніть тут, будь ласка.
[zupi'nitʲ tut, budʲ 'laska.]

Perdone, esta es mi parada.

Дозвольте, це моя зупинка.
[doz'wɔlʲtɛ, tsɛ mo'ʲa zu'pinka.]

Tren

el tren	**поїзд** ['pɔizd]
el tren de cercanías	**приміський поїзд** [primisʲˈkij ˈpɔizd]
el tren de larga distancia	**поїзд далекого прямування** ['pɔizd daˈlɛkoɦo prʲamuˈwanʲa]
la estación de tren	**вокзал** [wokˈzal]
Perdone, ¿dónde está la salida al anden?	**Вибачте, де вихід до поїздів?** ['wibatʃtɛ, dɛ 'wiɦid do poizˈdiw?]

¿Este tren va a ...?	**Цей поїзд їде до ...?** [ʦɛj 'pɔizd 'idɛ do ...?]
el siguiente tren	**наступний поїзд** [naˈstupnij 'pɔizd]
¿Cuándo pasa el siguiente tren?	**Коли буде наступний поїзд?** [koˈlɨ 'budɛ naˈstupnij 'pɔizd?]
¿Dónde puedo ver el horario?	**Де можна подивитися розклад?** [dɛ 'mɔʒna podiˈwitisʲa 'rɔzklad?]
¿De qué andén?	**З якої платформи?** [z jaˈkɔi platˈfɔrmi?]
¿Cuándo llega el tren a ...?	**Коли поїзд прибуває в ...?** [koˈlɨ 'pɔizd pribuˈwaɛ w ...?]

Ayudeme, por favor.	**Допоможіть мені, будь ласка.** [dopomoˈʒitʲ mɛˈni, budʲ 'laska.]
Busco mi asiento.	**Я шукаю своє місце.** [ja ʃuˈkaʲu swoˈɛ 'misʦɛ.]
Buscamos nuestros asientos.	**Ми шукаємо наші місця.** [mɨ ʃuˈkaɛmo 'naʃi misˈʦʲa.]
Mi asiento está ocupado.	**Моє місце зайняте.** [moˈɛ 'misʦɛ 'zajnʲatɛ.]
Nuestros asientos están ocupados.	**Наші місця зайняті.** ['naʃi misˈʦʲa 'zajnʲati.]

Perdone, pero ese es mi asiento.	**Вибачте, будь ласка, але це моє місце.** ['wibatʃtɛ, budʲ 'laska, a'lɛ ʦɛ moˈɛ 'misʦɛ.]
¿Está libre?	**Це місце вільне?** [ʦɛ 'misʦɛ 'wilʲnɛ?]
¿Puedo sentarme aquí?	**Можна мені тут сісти?** ['mɔʒna mɛˈni tut 'sisti?]

En el tren. Diálogo (Sin billete)

Su billete, por favor.	**Ваш квиток, будь ласка.** [waʃ kwi'tɔk, budʲ 'laska.]
No tengo billete.	**У мене немає квитка.** [u 'mɛnɛ nɛ'maɛ kwit'ka.]
He perdido mi billete.	**Я загубив /загубила/ свій квиток.** [ja zaɦu'bɨw /zaɦu'bɨla/ swij kwi'tɔk.]
He olvidado mi billete en casa.	**Я забув /забула/ квиток вдома.** [ja za'buw /za'bula/ kwi'tɔk 'wdoma.]
Le puedo vender un billete.	**Ви можете купити квиток у мене.** [wi 'mɔʒɛtɛ ku'pɨti kwi'tɔk u 'mɛnɛ.]
También deberá pagar una multa.	**Вам ще доведеться заплатити штраф.** [wam ɕɛ dowɛ'dɛtʲsʲa zapla'tɨtɨ ʃtraf.]
Vale.	**Добре.** ['dɔbrɛ.]
¿A dónde va usted?	**Куди ви їдете?** [ku'dɨ wɨ 'idɛtɛ?]
Voy a …	**Я їду до …** [ja 'idu do …]
¿Cuánto es? No lo entiendo.	**Скільки? Я не розумію.** ['skilʲki? ja nɛ rozu'miʲu.]
Escríbalo, por favor.	**Напишіть, будь ласка.** [napɨ'ʃitʲ, budʲ 'laska.]
Vale. ¿Puedo pagar con tarjeta?	**Добре. Чи можу я заплатити карткою?** ['dɔbrɛ. tʃɨ 'mɔʒu ja zapla'tɨtɨ 'kartkoʲu?]
Sí, puede.	**Так, можете.** [tak, 'mɔʒɛtɛ.]
Aquí está su recibo.	**Ось ваша квитанція.** [osʲ 'waʃa kwi'tantsiʲa.]
Disculpe por la multa.	**Шкодую про штраф.** [ʃko'duʲu pro 'ʃtraf.]
No pasa nada. Fue culpa mía.	**Це нічого. Це моя вина.** [tsɛ ni'tʃoɦo tsɛ mo'ʲa wi'na.]
Disfrute su viaje.	**Приємної вам поїздки.** [prɨ'ɛmnoi wam po'izdki.]

Taxi

taxi	**таксі** [tak'si]
taxista	**таксист** [tak'sist]
coger un taxi	**зловити таксі** [zlo'witɨ tak'si]
parada de taxis	**стоянка таксі** [sto'ʲanka tak'si]
¿Dónde puedo coger un taxi?	**Де я можу взяти таксі?** [dɛ ja 'mɔʒu 'wzʲatɨ tak'si?]
llamar a un taxi	**викликати таксі** ['wɨklɨkatɨ tak'si]
Necesito un taxi.	**Мені потрібно таксі.** [mɛ'ni po'tribno tak'si.]
Ahora mismo.	**Просто зараз.** ['prɔsto 'zaraz.]
¿Cuál es su dirección?	**Ваша адреса?** ['waʃa ad'rɛsa?]
Mi dirección es …	**Моя адреса …** [mo'ʲa ad'rɛsa …]
¿Cuál es el destino?	**Куди ви поїдете?** [ku'dɨ wɨ po'idɛtɛ?]
Perdone, …	**Вибачте, …** ['wɨbatʃtɛ, …]
¿Está libre?	**Ви вільні?** [wɨ 'wilʲni?]
¿Cuánto cuesta ir a …?	**Скільки коштує доїхати до …?** ['skilʲkɨ 'koʃtuɛ do'ihatɨ do …?]
¿Sabe usted dónde está?	**Ви знаєте, де це?** [wɨ 'znaɛtɛ, dɛ ʦɛ?]
Al aeropuerto, por favor.	**В аеропорт, будь ласка.** [w aɛro'pɔrt, budʲ 'laska.]
Pare aquí, por favor.	**Зупиніться тут, будь ласка.** [zupi'nitʲsʲa tut, budʲ 'laska.]
No es aquí.	**Це не тут.** [ʦɛ nɛ tut.]
La dirección no es correcta.	**Це неправильна адреса.** [ʦɛ nɛ'prawilʲna ad'rɛsa.]
Gire a la izquierda.	**Зараз наліво.** ['zaraz na'liwo.]
Gire a la derecha.	**Зараз направо.** ['zaraz na'prawo.]

¿Cuánto le debo?	**Скільки я вам винен /винна/?**
	['skilʲki ja wam 'winɛn /'wina/?]
¿Me da un recibo, por favor?	**Дайте мені чек, будь ласка.**
	['dajtɛ mɛ'ni tʃɛk, budʲ 'laska.]
Quédese con el cambio.	**Здачі не треба.**
	['zdatʃi nɛ 'trɛba.]

Espéreme, por favor.	**Зачекайте мене, будь ласка.**
	[zatʃɛ'kajtɛ mɛ'nɛ, budʲ 'laska.]
cinco minutos	**5 хвилин**
	['pʲatʲ hwi'lin]
diez minutos	**10 хвилин**
	['dɛsʲatʲ hwi'lin]
quince minutos	**15 хвилин**
	[pʲat'nadtsʲatʲ hwi'lin]
veinte minutos	**20 хвилин**
	['dwadtsʲatʲ hwi'lin]
media hora	**півгодини**
	[piwɦo'dini]

Hotel

Hola.	**Добрий день.** ['dobrij dɛnʲ.]
Me llamo …	**Мене звуть …** [mɛ'nɛ zwutʲ …]
Tengo una reserva.	**Я резервував /резервувала/ номер.** [ja rɛzɛrwu'waw /rɛzɛrwu'wala/ 'nɔmɛr.]
Necesito …	**Мені потрібен …** [mɛ'ni po'tribɛn …]
una habitación individual	**одномісний номер** [odno'misnij 'nɔmɛr]
una habitación doble	**двомісний номер** [dwo'misnij 'nɔmɛr]
¿Cuánto cuesta?	**Скільки він коштує?** ['skilʲki win 'kɔʃtuɛ?]
Es un poco caro.	**Це трохи дорого.** [ʦɛ 'trɔhi 'dɔroɦo.]
¿Tiene alguna más?	**У вас є ще що-небудь?** [u was 'ɛ ɕɛ ɕo-'nɛbudʲ?]
Me quedo.	**Я візьму його.** [ja wizʲ'mu ʲo'ɦɔ.]
Pagaré en efectivo.	**Я заплачу готівкою.** [ja zapla'ʧu ɦo'tiwkoʲu.]
Tengo un problema.	**У мене є проблема.** [u 'mɛnɛ ɛ prob'lɛma.]
Mi … está fuera de servicio.	**У мене не працює …** [u 'mɛnɛ nɛ pra'ʦʲuɛ …]
televisión	**телевізор** [tɛlɛ'wizor]
aire acondicionado	**кондиціонер** [kondiʦio'nɛr]
grifo	**кран** [kran]
ducha	**душ** [duʃ]
lavabo	**раковина** ['rakowina]
caja fuerte	**сейф** [sɛjf]
cerradura	**замок** [za'mɔk]

enchufe	**розетка** [ro'zɛtka]
secador de pelo	**фен** [fɛn]

No tengo …	**У мене немає ...** [u 'mɛnɛ nɛ'maɛ …]
agua	**води** [wo'dɨ]
luz	**світла** ['switla]
electricidad	**електрики** [ɛ'lɛktrɨkɨ]

¿Me puede dar …?	**Чи не можете мені дати ...?** [tʃɨ nɛ 'mɔʒɛtɛ mɛ'ni 'datɨ …?]
una toalla	**рушник** [ruʃ'nɨk]
una sábana	**ковдру** ['kɔwdru]
unas chanclas	**тапочки** ['tapotʃkɨ]
un albornoz	**халат** [ha'lat]
un champú	**шампунь** [ʃam'punʲ]
jabón	**мило** ['mɨlo]

Quisiera cambiar de habitación.	**Я б хотів /хотіла/ поміняти номер.** [ja b ho'tiw /ho'tila/ pomi'nʲatɨ 'nɔmɛr.]
No puedo encontrar mi llave.	**Я не можу знайти свій ключ.** [ja nɛ 'mɔʒu znaj'tɨ swij 'klʲutʃ.]
Por favor abra mi habitación.	**Відкрийте мій номер, будь ласка.** [wid'krɨjtɛ mij 'nɔmɛr, budʲ 'laska.]
¿Quién es?	**Хто там?** [hto tam?]
¡Entre!	**Заходьте!** [za'hɔdʲtɛ!]
¡Un momento!	**Одну хвилину!** [od'nu hwɨ'lɨnu!]
Ahora no, por favor.	**Будь ласка, не зараз.** [budʲ 'laska, nɛ 'zaraz.]

Venga a mi habitación, por favor.	**Зайдіть до мене, будь ласка.** [zaj'ditʲ do 'mɛnɛ, budʲ 'laska.]
Quisiera hacer un pedido.	**Я хочу зробити замовлення їжі в номер.** [ja 'hɔtʃu zro'bɨtɨ za'mɔwlɛnʲa 'iʒi w 'nɔmɛr.]
Mi número de habitación es …	**Мій номер кімнати ...** [mij 'nɔmɛr kim'natɨ …]

Me voy …	**Я їду …**
	[ja 'idu …]
Nos vamos …	**Ми їдемо …**
	[mɨ 'idɛmo …]
Ahora mismo	**зараз**
	['zaraz]
esta tarde	**сьогодні після обіду**
	[sʲo'ɦɔdni 'pislʲa o'bidu]
esta noche	**сьогодні ввечері**
	[sʲo'ɦɔdni 'wvɛʧɛri]
mañana	**завтра**
	['zawtra]
mañana por la mañana	**завтра вранці**
	['zawtra 'wrantsi]
mañana por la noche	**завтра ввечері**
	['zawtra 'wvɛʧɛri]
pasado mañana	**післязавтра**
	[pislʲa'zawtra]

Quisiera pagar la cuenta.	**Я б хотів /хотіла/ розрахуватися.**
	[ja b ho'tiw /ho'tila/ rozrahu'watisʲa.]
Todo ha estado estupendo.	**Все було чудово.**
	[wsɛ bu'lɔ ʧu'dɔwo.]
¿Dónde puedo coger un taxi?	**Де я можу взяти таксі?**
	[dɛ ja 'mɔʒu 'wzʲatɨ tak'si?]
¿Puede llamarme un taxi, por favor?	**Викличте мені таксі, будь ласка.**
	['wɨklɨʧtɛ mɛ'ni tak'si, budʲ 'laska.]

Restaurante

¿Puedo ver el menú, por favor?	**Чи можу я подивитися ваше меню?** [tʃi 'moʒu ja podi'witisʲa 'waʃɛ mɛ'nʲu?]
Mesa para uno.	**Столик для одного.** ['stɔlik dlʲa od'nɔɦo.]
Somos dos (tres, cuatro).	**Нас двоє (троє, четверо).** [nas 'dwɔɛ ('trɔɛ, 'tʃɛtwɛro).]

Para fumadores	**Для курців** [dlʲa kur'tsiw]
Para no fumadores	**Для некурців** [dlʲa nɛkur'tsiw]
¡Por favor! (llamar al camarero)	**Будьте ласкаві!** ['budʲtɛ las'kawi!]
la carta	**меню** [mɛ'nʲu]
la carta de vinos	**карта вин** ['karta win]
La carta, por favor.	**Меню, будь ласка.** [mɛ'nʲu, budʲ 'laska.]

¿Está listo para pedir?	**Ви готові зробити замовлення?** [wi ɦo'towi zro'biti za'mowlɛnʲa?]
¿Qué quieren pedir?	**Що ви будете замовляти?** [ɕo wi 'budɛtɛ zamow'lʲati?]
Yo quiero …	**Я буду …** [ja 'budu …]

Soy vegetariano.	**Я вегетаріанець /вегетаріанка/.** [ja wɛɦɛtari'anɛts /wɛɦɛtari'anka/.]
carne	**м'ясо** ['mʲaso]
pescado	**риба** ['riba]
verduras	**овочі** ['ɔwotʃi]
¿Tiene platos para vegetarianos?	**У вас є вегетаріанські страви?** [u was 'ɛ wɛɦɛtari'ansʲki 'strawi?]
No como cerdo.	**Я не їм свинину.** [ja nɛ im swi'ninu.]
Él /Ella/ no come carne.	**Він /вона/ не їсть м'ясо.** [win /wo'na/ nɛ istʲ 'mʲaso.]
Soy alérgico a …	**У мене алергія на …** [u 'mɛnɛ alɛr'ɦiʲa na …]

¿Me puede traer …, por favor?

Принесіть мені, будь ласка …
[prinɛ'sitʲ mɛ'ni, budʲ 'laska …]

sal | pimienta | azúcar

сіль | перець | цукор
[silʲ | 'pɛrɛts | 'tsukor]

café | té | postre

каву | чай | десерт
['kawu | tʃaj | dɛ'sɛrt]

agua | con gas | sin gas

воду | з газом | без газу
['wɔdu | z 'ɦazom | bɛz 'ɦazu]

una cuchara | un tenedor | un cuchillo

ложку | вилку | ніж
['lɔʒku | 'wilku | niʒ]

un plato | una servilleta

тарілку | серветку
[ta'rilku | sɛr'wɛtku]

¡Buen provecho!

Смачного!
[smatʃ'nɔɦo!]

Uno más, por favor.

Принесіть ще, будь ласка.
[prinɛ'sitʲ ɕɛ, budʲ 'laska.]

Estaba delicioso.

Було дуже смачно.
[bu'lɔ 'duʒɛ 'smatʃno.]

---

la cuenta | el cambio | la propina

рахунок | здача | чайові
[ra'hunok | 'zdatʃa | tʃaʲo'wi]

La cuenta, por favor.

Рахунок, будь ласка.
[ra'hunok, budʲ 'laska.]

¿Puedo pagar con tarjeta?

Чи можу я заплатити карткою?
[tʃi 'mɔʒu ja zapla'titi 'kartkoʲu?]

Perdone, aquí hay un error.

Вибачте, тут помилка.
['wibatʃtɛ, tut po'milka.]

De Compras

¿Puedo ayudarle?
Чи можу я вам допомогти?
[ʧi 'mɔʒu ja wam dopomoɦ'ti?]

¿Tiene ...?
У вас є ...?
[u was 'ɛ ...?]

Busco ...
Я шукаю ...
[ja ʃu'kaʲu ...]

Necesito ...
Мені потрібен ...
[mɛ'ni po'tribɛn ...]

Sólo estoy mirando.
Я просто дивлюся.
[ja 'prɔsto 'diwlʲusʲa.]

Sólo estamos mirando.
Ми просто дивимося.
[mɨ 'prɔsto 'diwimosʲa.]

Volveré más tarde.
Я зайду пізніше.
[ja zaj'du piz'niʃɛ.]

Volveremos más tarde.
Ми зайдемо пізніше.
[mɨ 'zajdɛmo piz'niʃɛ.]

descuentos | oferta
знижки | розпродаж
['zniʒki | roz'prɔdaʒ]

Por favor, enséñeme ...
Покажіть мені, будь ласка ...
[poka'ʒitʲ mɛ'ni, budʲ 'laska ...]

¿Me puede dar ..., por favor?
Дайте мені, будь ласка ...
['dajtɛ mɛ'ni, budʲ 'laska ...]

¿Puedo probarmelo?
Чи можна мені це приміряти?
[ʧi 'mɔʒna mɛ'ni ʦɛ pri'mirʲati?]

Perdone, ¿dónde están los probadores?
Вибачте, де примірювальна?
['wibaʧtɛ, dɛ pri'mirʲuwalʲna?]

¿Qué color le gustaría?
Який колір ви хочете?
[ja'kij 'kolir wi 'hoʧɛtɛ?]

la talla | el largo
розмір | зріст
['rɔzmir | zrist]

¿Cómo le queda? (¿Está bien?)
Підійшло?
[pidij'ʃlɔ?]

¿Cuánto cuesta esto?
Скільки це коштує?
['skilʲki ʦɛ 'koʃtuɛ?]

Es muy caro.
Це занадто дорого.
[ʦɛ za'nadto 'dɔroɦo.]

Me lo llevo.
Я візьму це.
[ja wizʲ'mu ʦɛ.]

Perdone, ¿dónde está la caja?
Вибачте, де каса?
['wibaʧtɛ, dɛ 'kasa?]

¿Pagará en efectivo o con tarjeta?

Як ви будете платити? Готівкою чи кредиткою?
[jak wi 'budɛtɛ pla'titi? ɦo'tiwkoʲu ʧi krɛ'ditkoʲu?]

en efectivo | con tarjeta

готівкою | карткою
[ɦo'tiwkoʲu | 'kartkoʲu]

¿Quiere el recibo?

Вам потрібен чек?
[wam po'tribɛn ʧɛk?]

Sí, por favor.

Так, будьте ласкаві.
[tak, 'budʲtɛ las'kawi.]

No, gracias.

Ні, не потрібно. Дякую.
[ni, nɛ po'tribno. 'dʲakuʲu.]

Gracias. ¡Que tenga un buen día!

Дякую. На все добре!
['dʲakuʲu. na wsɛ 'dɔbrɛ.]

En la ciudad

Perdone, por favor.	**Вибачте, будь ласка …** ['wibatʃtɛ, budʲ 'laska …]
Busco …	**Я шукаю …** [ja ʃu'kaʲu …]
el metro	**метро** [mɛt'rɔ]
mi hotel	**свій готель** [swij ɦo'tɛlʲ]
el cine	**кінотеатр** [kinotɛ'atr]
una parada de taxis	**стоянку таксі** [stoʲanku tak'si]
un cajero automático	**банкомат** [banko'mat]
una oficina de cambio	**обмін валют** ['ɔbmin wa'lʲut]
un cibercafé	**інтернет-кафе** [intɛr'nɛt-ka'fɛ]
la calle …	**вулицю …** ['wulitsʲu …]
este lugar	**ось це місце** [osʲ tsɛ 'mistsɛ]
¿Sabe usted dónde está …?	**Чи не знаєте Ви, де знаходиться …?** [tʃi nɛ 'znaɛtɛ wi, dɛ zna'ɦoditʲsʲa …?]
¿Cómo se llama esta calle?	**Як називається ця вулиця?** [jak nazi'waɛtʲsʲa tsʲa 'wulitsʲa?]
Muestreme dónde estamos ahora.	**Покажіть, де ми зараз.** [poka'ʒitʲ, dɛ mi 'zaraz.]
¿Puedo llegar a pie?	**Я дійду туди пішки?** [ja dij'du tu'di 'piʃki?]
¿Tiene un mapa de la ciudad?	**У вас є карта міста?** [u was 'ɛ 'karta 'mista?]
¿Cuánto cuesta la entrada?	**Скільки коштує вхідний квиток?** ['skilʲki 'koʃtuɛ whid'nij kwi'tɔk?]
¿Se pueden hacer fotos aquí?	**Чи можна тут фотографувати?** [tʃi 'mɔʒna tut fotoɦrafu'wati?]
¿Está abierto?	**Ви відкриті?** [wi widk'riti?]

¿A qué hora abren?

О котрій ви відкриваєтесь?
[o kotˈrij wi widkriˈwaɛtɛsʲ?]

¿A qué hora cierran?

До котрої години ви працюєте?
[do koˈtrɔi ɦoˈdini wi praˈtsʲuɛtɛ?]

Dinero

dinero	**гроші** ['ɦrɔʃi]
efectivo	**готівкові гроші** [ɦotiwˈkɔwi 'ɦrɔʃi]
billetes	**паперові гроші** [papɛˈrɔwi 'ɦrɔʃi]
monedas	**дрібні гроші** [dribˈni 'ɦrɔʃi]
la cuenta | el cambio | la propina	**рахунок | здача | чайові** [raˈhunok | 'zdatʃa | tʃaˈoˈwi]
la tarjeta de crédito	**кредитна картка** [krɛˈditna 'kartka]
la cartera	**гаманець** [ɦamaˈnɛts]
comprar	**купувати** [kupuˈwati]
pagar	**платити** [plaˈtiti]
la multa	**штраф** ['ʃtraf]
gratis	**безкоштовно** [bɛzkoʃˈtowno]
¿Dónde puedo comprar …?	**Де я можу купити …?** [dɛ ja 'mɔʒu kuˈpiti …?]
¿Está el banco abierto ahora?	**Чи відкритий зараз банк?** [tʃi widˈkritij 'zaraz bank?]
¿A qué hora abre?	**О котрій він відкривається?** [o kotˈrij win widkriˈwaɛtˈsʲaʲ?]
¿A qué hora cierra?	**До котрої години він працює?** [do koˈtrɔi ɦoˈdini win praˈtsʲuɛ?]
¿Cuánto cuesta?	**Скільки?** ['skilʲki?]
¿Cuánto cuesta esto?	**Скільки це коштує?** ['skilʲki tsɛ 'koʃtuɛ?]
Es muy caro.	**Це занадто дорого.** [tsɛ zaˈnadto 'dɔroɦo.]
Perdone, ¿dónde está la caja?	**Вибачте, де каса?** ['wibatʃtɛ, dɛ 'kasa?]
La cuenta, por favor.	**Рахунок, будь ласка.** [raˈhunok, budʲ 'laska.]

¿Puedo pagar con tarjeta?	**Чи можу я заплатити карткою?**
	[tʃi 'moʒu ja zapla'titi 'kartkoʲu?]
¿Hay un cajero por aquí?	**Тут є банкомат?**
	[tut ɛ banko'mat?]
Busco un cajero automático.	**Мені потрібен банкомат.**
	[mɛ'ni po'tribɛn banko'mat.]

Busco una oficina de cambio.	**Я шукаю обмін валют.**
	[ja ʃu'kaʲu 'ɔbmin wa'lʲut.]
Quisiera cambiar …	**Я б хотів /хотіла/ поміняти …**
	[ja b ho'tiw /ho'tila/ pomi'nʲati …]
¿Cuál es el tipo de cambio?	**Який курс обміну?**
	[ja'kij kurs 'ɔbminu?]
¿Necesita mi pasaporte?	**Вам потрібен мій паспорт?**
	[wam po'tribɛn mij 'pasport?]

Tiempo

¿Qué hora es?	**Котра година?** [ko'tra ɦo'dina?]
¿Cuándo?	**Коли?** [ko'li?]
¿A qué hora?	**О котрій?** [o kot'rij?]
ahora | luego | después de …	**зараз | пізніше | після ...** ['zaraz | piz'niʃɛ | 'pislʲa …]

la una	**перша година дня** ['pɛrʃa ɦo'dina dnʲa]
la una y cuarto	**п'ятнадцять на другу** [pʲat'nadʦʲatʲ na 'druɦu]
la una y medio	**половина другої** [polo'wina 'druɦoi]
las dos menos cuarto	**за п'ятнадцять друга** [za pʲat'natʦʲatʲ 'druɦa]

una | dos | tres	**один | два | три** [o'din | dwa | tri]
cuatro | cinco | seis	**чотири | п'ять | шість** [tʃo'tiri | 'pʲatʲ | ʃistʲ]
siete | ocho | nueve	**сім | вісім | дев'ять** [sim | 'wisim | 'dɛwʲatʲ]
diez | once | doce	**десять | одинадцять | дванадцять** ['dɛsʲatʲ | odi'nadʦʲatʲ | dwa'nadʦʲatʲ]

en …	**через ...** ['tʃɛrɛz …]
cinco minutos	**5 хвилин** ['pʲatʲ hwi'lin]
diez minutos	**10 хвилин** ['dɛsʲatʲ hwi'lin]
quince minutos	**15 хвилин** [pʲat'nadʦʲatʲ hwi'lin]
veinte minutos	**20 хвилин** ['dwadʦʲatʲ hwi'lin]

media hora	**півгодини** [piwɦo'dini]
una hora	**одна година** [od'na ɦo'dina]
por la mañana	**вранці** ['wranʦi]

por la mañana temprano	**рано вранці** ['rano 'wrantsi]
esta mañana	**сьогодні вранці** [sʲo'hɔdni 'wrantsi]
mañana por la mañana	**завтра вранці** ['zawtra 'wrantsi]

al mediodía	**в обід** [w o'bid]
por la tarde	**після обіду** ['pislʲa o'bidu]
por la noche	**ввечері** ['wvɛʧɛri]
esta noche	**сьогодні ввечері** [sʲo'hɔdni 'wvɛʧɛri]

por la noche	**вночі** [wno'ʧi]
ayer	**вчора** ['wʧɔra]
hoy	**сьогодні** [sʲo'hɔdni]
mañana	**завтра** ['zawtra]
pasado mañana	**післязавтра** [pislʲa'zawtra]

¿Qué día es hoy?	**Який сьогодні день?** [ja'kij sʲo'hɔdni dɛnʲ?]
Es …	**Сьогодні …** [sʲo'hɔdni …]
lunes	**понеділок** [ponɛ'dilok]
martes	**вівторок** [wiw'tɔrok]
miércoles	**середа** [sɛrɛ'da]

jueves	**четвер** [ʧɛt'wɛr]
viernes	**п'ятниця** ['pʲatnitsʲa]
sábado	**субота** [su'bɔta]
domingo	**неділя** [nɛ'dilʲa]

Saludos. Presentaciones.

Hola.	**Добрий день.** ['dɔbrij dɛnʲ.]
Encantado /Encantada/ de conocerle.	**Радий /рада/ з вами познайомитися.** ['radij /'rada/ z 'wami pozna'jɔmitisʲa.]
Yo también.	**Я теж.** [ja tɛʒ.]
Le presento a …	**Знайомтеся. Це …** [zna'jɔmtɛsʲa. tsɛ …]
Encantado.	**Дуже приємно.** ['duʒɛ pri'ɛmno.]

¿Cómo está?	**Як ви? Як у вас справи?** [jak wi? jak u was 'sprawi?]
Me llamo …	**Мене звуть …** [mɛ'nɛ zwutʲ …]
Se llama …	**Його звуть …** [ʲo'hɔ zwutʲ …]
Se llama …	**Її звуть …** [ii 'zwutʲ …]
¿Cómo se llama (usted)?	**Як вас звуть?** [jak was 'zwutʲ?]
¿Cómo se llama (él)?	**Як його звуть?** [jak ʲo'hɔ zwutʲ?]
¿Cómo se llama (ella)?	**Як її звуть?** [jak ii 'zwutʲ?]

¿Cuál es su apellido?	**Яке ваше прізвище?** [ja'kɛ 'waʃɛ 'prizwiɕɛ?]
Puede llamarme …	**Називайте мене …** [nazi'wajtɛ mɛ'nɛ …]
¿De dónde es usted?	**Звідки ви?** ['zwidki wi?]
Yo soy de ….	**Я з …** [ja z …]
¿A qué se dedica?	**Ким ви працюєте?** [kim wi pra'tsʲuɛtɛ?]
¿Quién es?	**Хто це?** [hto tsɛ?]
¿Quién es él?	**Хто він?** [hto win?]
¿Quién es ella?	**Хто вона?** [hto wo'na?]
¿Quiénes son?	**Хто вони?** [hto wo'ni?]

Este es …	**Це …** [ʦɛ …]
mi amigo	**мій друг** [mij druɦ]
mi amiga	**моя подруга** [mo'ʲa 'pɔdruɦa]
mi marido	**мій чоловік** [mij ʧolo'wik]
mi mujer	**моя дружина** [mo'ʲa dru'ʒina]
mi padre	**мій батько** [mij 'batʲko]
mi madre	**моя мама** [mo'ʲa 'mama]
mi hermano	**мій брат** [mij brat]
mi hermana	**моя сестра** [mo'ʲa sɛst'ra]
mi hijo	**мій син** [mij sin]
mi hija	**моя дочка** [mo'ʲa doʧ'ka]
Este es nuestro hijo.	**Це наш син.** [ʦɛ naʃ sin.]
Esta es nuestra hija.	**Це наша дочка.** [ʦɛ 'naʃa doʧ'ka.]
Estos son mis hijos.	**Це мої діти.** [ʦɛ mo'ʲi 'diti.]
Estos son nuestros hijos.	**Це наші діти.** [ʦɛ 'naʃi 'diti.]

Despedidas

¡Adiós!

До побачення!
[do po'batʃɛnʲa!]

¡Chau!

Бувай!
[bu'waj!]

Hasta mañana.

До завтра.
[do 'zawtra.]

Hasta pronto.

До зустрічі.
[do 'zustritʃi.]

Te veo a las siete.

Зустрінемось о сьомій.
[zust'rinɛmosʲ o 'sʲɔmij.]

¡Que se diviertan!

Розважайтеся!
[rozwa'ʒajtɛsʲa!]

Hablamos más tarde.

Поговоримо пізніше.
[poɦo'wɔrimo piz'niʃɛ.]

Que tengas un buen fin de semana.

Вдалих вихідних.
['wdaliɦ wihid'nih.]

Buenas noches.

На добраніч.
[na do'branitʃ.]

Es hora de irme.

Мені вже час.
[mɛ'ni wʒɛ tʃas.]

Tengo que irme.

Мушу йти.
['muʃu jti.]

Ahora vuelvo.

Я зараз повернусь.
[ja 'zaraz powɛr'nusʲ.]

Es tarde.

Вже пізно.
[wʒɛ 'pizno.]

Tengo que levantarme temprano.

Мені рано вставати.
[mɛ'ni 'rano wsta'wati.]

Me voy mañana.

Я завтра від'їжджаю.
[ja 'zawtra widʲ'iʒ'dʒaʲu.]

Nos vamos mañana.

Ми завтра від'їжджаємо.
[mi 'zawtra widʲ'iʒ'dʒaɛmo.]

¡Que tenga un buen viaje!

Щасливої поїздки!
[ɕas'liwoi po'izdki!]

Ha sido un placer.

**Було приємно з вами
познайомитися.**
[bu'lɔ pri'ɛmno z 'wami
pozna'jomitisʲa.]

Fue un placer hablar con usted.

Було приємно з вами поспілкуватися.
[bu'lɔ pri'ɛmnɔ z 'wamɨ pospilku'watisʲa.]

Gracias por todo.

Дякую за все.
['dʲakuʲu za wsɛ.]

Lo he pasado muy bien.

Я чудово провів /провела/ час.
[ja ʧu'dɔwɔ prɔ'wiw /prɔwɛ'la/ ʧas.]

Lo pasamos muy bien.

Ми чудово провели час.
[mɨ ʧu'dɔwɔ prɔwɛ'lɨ ʧas.]

Fue genial.

Все було чудово.
[wsɛ bu'lɔ ʧu'dɔwɔ.]

Le voy a echar de menos.

Я буду сумувати.
[ja 'budu sumu'watɨ.]

Le vamos a echar de menos.

Ми будемо сумувати.
[mɨ 'budɛmɔ sumu'watɨ.]

¡Suerte!

Успіхів! Щасливо!
['uspihiw! ɕas'lɨwɔ!]

Saludos a …

Передавайте вітання …
[pɛrɛda'wajtɛ wi'tanʲa …]

Idioma extranjero

No entiendo.	**Я не розумію.** [ja nɛ rozu'miʲu.]
Escríbalo, por favor.	**Напишіть це, будь ласка.** [napi'ʃitʲ ʦɛ, budʲ 'laska.]
¿Habla usted …?	**Ви знаєте …?** [wi 'znaɛtɛ …?]

Hablo un poco de …	**Я трохи знаю …** [ja 'trɔhi znaʲu …]
inglés	**англійська** [anɦ'lijsʲka]
turco	**турецька** [tu'rɛʦka]
árabe	**арабська** [a'rabsʲka]
francés	**французька** [fran'ʦuzʲka]

alemán	**німецька** [ni'mɛʦka]
italiano	**італійська** [ita'lijsʲka]
español	**іспанська** [is'pansʲka]
portugués	**португальська** [portu'ɦalʲsʲka]
chino	**китайська** [ki'tajsʲka]
japonés	**японська** [ja'pɔnsʲka]

¿Puede repetirlo, por favor?	**Повторіть, будь ласка.** [powto'ritʲ, budʲ 'laska.]
Lo entiendo.	**Я розумію.** [ja rozu'miʲu.]
No entiendo.	**Я не розумію.** [ja nɛ rozu'miʲu.]
Hable más despacio, por favor.	**Говоріть повільніше, будь ласка.** [ɦowo'ritʲ po'wilʲniʃɛ, budʲ 'laska.]

¿Está bien?	**Це правильно?** [ʦɛ 'prawiɫno?]
¿Qué es esto? (¿Que significa esto?)	**Що це?** [ɕo 'ʦɛ?]

Disculpas

Perdone, por favor.

Вибачте, будь ласка.
['wibatʃtɛ, budʲ 'laska.]

Lo siento.

Мені шкода.
[mɛ'ni 'ʃkɔda.]

Lo siento mucho.

Мені дуже шкода.
[mɛ'ni 'duʒɛ 'ʃkɔda.]

Perdón, fue culpa mía.

Винен /Винна/, це моя вина.
['winɛn /'wina/ , tsɛ mo'ʲa wi'na.]

Culpa mía.

Моя помилка.
[mo'ʲa po'milka.]

¿Puedo …?

Чи можу я …?
[tʃi 'mɔʒu ja …?]

¿Le molesta si …?

Ви не заперечуватимете, якщо я …?
[wi nɛ zapɛ'rɛtʃuwatimɛtɛ, jak'ɕɔ ja …?]

¡No hay problema! (No pasa nada.)

Нічого страшного.
[ni'tʃɔɦo straʃ'nɔɦo.]

Todo está bien.

Все гаразд.
[wsɛ ɦa'razd.]

No se preocupe.

Не турбуйтесь.
[nɛ tur'bujtɛsʲ.]

Acuerdos

Sí.	**Так.** [tak.]
Sí, claro.	**Так, звичайно.** [tak, zwi'ʧajno.]
Bien.	**Добре!** ['dɔbrɛ!]
Muy bien.	**Дуже добре.** ['duʒɛ 'dɔbrɛ.]
¡Claro que sí!	**Звичайно!** [zwi'ʧajno!]
Estoy de acuerdo.	**Я згідний /згідна/.** [ja 'zɦidnij /'zɦidna/.]
Es verdad.	**Вірно.** ['wirno.]
Es correcto.	**Правильно.** ['prawilʲno.]
Tiene razón.	**Ви праві.** [wɨ pra'wi.]
No me molesta.	**Я не заперечую.** [ja nɛ zapɛ'rɛʧuʲu.]
Es completamente cierto.	**Абсолютно вірно.** [abso'lʲutno 'wirno.]
Es posible.	**Це можливо.** [ʦɛ moʒ'liwo.]
Es una buena idea.	**Це гарна думка.** [ʦɛ 'ɦarna 'dumka.]
No puedo decir que no.	**Не можу відмовити.** [nɛ 'mɔʒu wid'mɔwitɨ.]
Estaré encantado /encantada/.	**Буду радий /рада/.** ['budu 'radij /'rada/.]
Será un placer.	**Із задоволенням.** [iz zado'wɔlɛnjam.]

Rechazo. Expresar duda

No.
Ні.
[ni.]

Claro que no.
Звичайно, ні.
[zwi'tʃajno, ni.]

No estoy de acuerdo.
Я не згідний /згідна/.
[ja nɛ 'zɦidnij /'zɦidna/.]

No lo creo.
Я так не думаю.
[ja tak nɛ 'dumaʲu.]

No es verdad.
Це неправда.
[tsɛ nɛ'prawda.]

No tiene razón.
Ви неправі.
[wi nɛpra'wi.]

Creo que no tiene razón.
Я думаю, що ви неправі.
[ja 'dumaʲu, ço wi nɛpra'wi.]

No estoy seguro /segura/.
Не впевнений /впевнена/.
[nɛ 'wpɛwnɛnij /'wpɛwnɛna/.]

No es posible.
Це неможливо.
[tsɛ nɛmoʒ'liwo.]

¡Nada de eso!
Нічого подібного!
[ni'tʃoɦo po'dibnoɦo!]

Justo lo contrario.
Навпаки!
[nawpa'ki!]

Estoy en contra de ello.
Я проти.
[ja 'prɔti.]

No me importa. (Me da igual.)
Мені все одно.
[mɛ'ni wsɛ od'nɔ.]

No tengo ni idea.
Гадки не маю.
['ɦadki nɛ 'maʲu.]

Dudo que sea así.
Сумніваюся, що це так.
[sumni'waʲusʲa, ço tsɛ tak.]

Lo siento, no puedo.
Вибачте, я не можу.
['wibatʃtɛ, ja nɛ 'mɔʒu.]

Lo siento, no quiero.
Вибачте, я не хочу.
['wibatʃtɛ, ja nɛ 'hotʃu.]

Gracias, pero no lo necesito.
Дякую, мені це не потрібно.
['dʲakuʲu, mɛ'ni tsɛ nɛ pot'ribno.]

Ya es tarde.
Вже пізно.
[wʒɛ 'pizno.]

Tengo que levantarme temprano.

Мені рано вставати.
[mɛ'ni 'rano wsta'wati.]

Me encuentro mal.

Я погано себе почуваю.
[ja po'ɦano sɛ'bɛ potʃu'waʲu.]

Expresar gratitud

Gracias.
Дякую.
['dʲakuʲu.]

Muchas gracias.
Дуже дякую.
['duʒɛ 'dʲakuʲu.]

De verdad lo aprecio.
Дуже вдячний /вдячна/.
['duʒɛ 'wdʲatʃnij /'wdʲatʃna/.]

Se lo agradezco.
Я вам вдячний /вдячна/.
[ja wam 'wdʲatʃnij /'wdʲatʃna/.]

Se lo agradecemos.
Ми Вам вдячні.
[mɨ wam 'wdʲatʃni.]

Gracias por su tiempo.
Дякую, що витратили час.
['dʲakuʲu, ɕo 'witratili tʃas.]

Gracias por todo.
Дякую за все.
['dʲakuʲu za wsɛ.]

Gracias por …
Дякую за …
['dʲakuʲu za …]

su ayuda
вашу допомогу
['waʃu dopo'mɔɦu]

tan agradable momento
гарний час
['ɦarnij tʃas]

una comida estupenda
чудову їжу
[tʃu'dɔwu 'iʒu]

una velada tan agradable
приємний вечір
[pri'ɛmnij 'wɛtʃir]

un día maravilloso
чудовий день
[tʃu'dɔwij dɛnʲ]

un viaje increíble
цікаву екскурсію
[tsi'kawu ɛks'kursiʲu]

No hay de qué.
Нема за що.
[nɛ'ma za ɕo.]

De nada.
Не варто дякувати.
[nɛ 'warto 'dʲakuwatɨ.]

Siempre a su disposición.
Завжди будь ласка.
[za'wʒdɨ budʲ 'laska.]

Encantado /Encantada/ de ayudarle.
Був радий /Була рада/ допомогти.
[buw 'radij /bu'la 'rada/ dopomoɦ'ti.]

No hay de qué.
Забудьте. Все гаразд.
[za'budʲtɛ wsɛ ɦa'razd.]

No tiene importancia.
Не турбуйтесь.
[nɛ tur'bujtɛsʲ.]

Felicitaciones , Mejores Deseos

¡Felicidades!
Вітаю!
[wi'taʲu!]

¡Feliz Cumpleaños!
З Днем народження!
[z dnɛm na'rɔdʒɛnʲa!]

¡Feliz Navidad!
Веселого Різдва!
[wɛ'sɛloɦo rizd'wa!]

¡Feliz Año Nuevo!
З Новим роком!
[z no'wɨm 'rɔkom!]

¡Felices Pascuas!
Зі Світлим Великоднем!
[zi 'switlɨm wɛ'lɨkodnɛm!]

¡Feliz Hanukkah!
Щасливої Хануки!
[ɕasˈlɨwoi ha'nukɨ!]

Quiero brindar.
У мене є тост.
[u 'mɛnɛ ɛ tost.]

¡Salud!
За ваше здоров'я!
[za 'waʃɛ zdo'rɔwʲa]

¡Brindemos por ...!
Вип'ємо за ...!
['wɨpʲɛmo za ...!]

¡A nuestro éxito!
За наш успіх!
[za naʃ 'uspih!]

¡A su éxito!
За ваш успіх!
[za waʃ 'uspih!]

¡Suerte!
Успіхів!
['uspihiw!]

¡Que tenga un buen día!
Гарного вам дня!
['ɦarnoɦo wam dnʲa!]

¡Que tenga unas buenas vacaciones!
Гарного вам відпочинку!
['ɦarnoɦo wam widpo'tʃɨnku!]

¡Que tenga un buen viaje!
Вдалої поїздки!
['wdaloi po'izdkɨ!]

¡Espero que se recupere pronto!
Бажаю вам швидкого одужання!
[ba'ʒaʲu wam ʃwid'kɔɦo o'duʒanʲa!]

Socializarse

¿Por qué está triste?
Чому ви засмучені?
[ʧo'mu wɨ zas'muʧɛni?]

¡Sonría! ¡Animese!
Посміхніться!
[posmih'nitʲsʲa!]

¿Está libre esta noche?
Ви не зайняті сьогодні ввечері?
[wɨ nɛ 'zajnʲati sʲo'ɦodni 'wwɛʧɛri?]

¿Puedo ofrecerle algo de beber?
Чи можу я запропонувати вам випити?
[ʧi 'mɔʒu ja zaproponu'wati wam 'wɨpiti?]

¿Querría bailar conmigo?
Чи не хочете потанцювати?
[ʧi nɛ 'hɔʧɛtɛ potanʲsʲu'wati?]

Vamos a ir al cine.
Може сходимо в кіно?
['mɔʒɛ 'shɔdimo w ki'nɔ?]

¿Puedo invitarle a …?
Чи можна запросити вас в …?
[ʧi 'mɔʒna zapro'siti was w …?]

un restaurante
ресторан
[rɛsto'ran]

el cine
кіно
[ki'nɔ]

el teatro
театр
[tɛ'atr]

dar una vuelta
на прогулянку
[na pro'ɦulʲanku]

¿A qué hora?
О котрій?
[o kot'rij?]

esta noche
сьогодні ввечері
[sʲo'ɦodni 'wwɛʧɛri]

a las seis
о 6 годині
[o 'ʃɔstij ɦo'dini]

a las siete
о 7 годині
[o 'sjɔmij ɦo'dini]

a las ocho
о 8 годині
[o 'wɔsʲmij ɦo'dini]

a las nueve
о 9 годині
[o dɛ'wʲatij ɦo'dini]

¿Le gusta este lugar?
Вам тут подобається?
[wam tut po'dobaɛtʲsʲa?]

¿Está aquí con alguien?
Ви тут з кимось?
[wɨ tut z 'kimosʲ?]

Estoy con mi amigo /amiga/.

Я з другом /подругою/.
[ja z 'druɦom /'pɔdruɦoʲu/.]

Estoy con amigos.

Я з друзями.
[ja z 'druzʲamɨ.]

No, estoy solo /sola/.

Я один /одна/.
[ja oˈdin /odˈna/.]

¿Tienes novio?

У тебе є приятель?
[u ˈtɛbɛ ɛ ˈprijatɛlʲ?]

Tengo novio.

У мене є друг.
[u ˈmɛnɛ ɛ druɦ.]

¿Tienes novia?

У тебе є подружка?
[u ˈtɛbɛ ɛ ˈpɔdruʒka?]

Tengo novia.

У мене є дівчина.
[u ˈmɛnɛ ɛ ˈdiwtʃina.]

¿Te puedo volver a ver?

Ми ще зустрінемося?
[mɨ ɕɛ zuˈstrinɛmosʲa?]

¿Te puedo llamar?

Чи можна тобі подзвонити?
[tʃi ˈmɔʒna toˈbi zatɛlɛfonuˈwati?]

Llámame.

Подзвони мені.
[poˈdzwoˈnɨ mɛˈni.]

¿Cuál es tu número?

Який у тебе номер?
[jaˈkij u ˈtɛbɛ ˈnɔmɛr?]

Te echo de menos.

Я сумую за тобою.
[ja suˈmuʲu za toˈbɔʲu.]

¡Qué nombre tan bonito!

У вас дуже гарне ім'я.
[u was ˈduʒɛ ˈɦarnɛ iˈmʲʲa.]

Te quiero.

Я тебе кохаю.
[ja tɛbɛ koˈhaʲu.]

¿Te casarías conmigo?

Виходь за мене.
[wɨˈhɔdʲ za ˈmɛnɛ.]

¡Está de broma!

Ви жартуєте!
[wɨ ʒarˈtuɛtɛ!]

Sólo estoy bromeando.

Я просто жартую.
[ja ˈprɔsto ʒarˈtuʲu.]

¿En serio?

Ви серйозно?
[wɨ sɛrˈjɔzno?]

Lo digo en serio.

Я серйозно.
[ja sɛrˈjɔzno.]

¿De verdad?

Справді?!
[ˈsprawdi?!]

¡Es increíble!

Це неймовірно!
[tsɛ nɛjmoˈwirno]

No le creo.

Я вам не вірю.
[ja wam nɛ ˈwirʲu.]

No puedo.

Я не можу.
[ja nɛ ˈmɔʒu.]

No lo sé.

Я не знаю.
[ja nɛ ˈznaʲu.]

No le entiendo.

Я вас не розумію.
[ja was nɛ rozu'miʲu.]

Váyase, por favor.

Ідіть, будь ласка.
[i'ditʲ, budʲ 'laska.]

¡Déjeme en paz!

Залиште мене в спокої!
[za'liʃtɛ mɛ'nɛ w 'spɔkoi!]

Es inaguantable.

Я його терпіти не можу.
[ja ʲo'ɦɔ tɛr'pitɨ nɛ 'mɔʒu.]

¡Es un asqueroso!

Ви огидні!
[wɨ o'ɦidni!]

¡Llamaré a la policía!

Я викличу поліцію!
[ja 'wiklitʃu po'litsiʲu!]

Compartir impresiones. Emociones

Me gusta.	**Мені це подобається.** [mɛ'ni tsɛ poˈdɔbaɛtʲsʲa.]
Muy lindo.	**Дуже мило.** ['duʒɛ 'milo.]
¡Es genial!	**Це чудово!** [tsɛ tʃu'dɔwo!]
No está mal.	**Це непогано.** [tsɛ nɛpo'ɦano.]

No me gusta.	**Мені це не подобається.** [mɛ'ni tsɛ nɛ poˈdɔbaɛtʲsʲa.]
No está bien.	**Це недобре.** [tsɛ nɛ'dɔbrɛ.]
Está mal.	**Це погано.** [tsɛ po'ɦano.]
Está muy mal.	**Це дуже погано.** [tsɛ 'duʒɛ po'ɦano.]
¡Qué asco!	**Це огидно.** [tsɛ o'ɦidno.]

Estoy feliz.	**Я щасливий /щаслива/.** [ja ɕas'liwij /ɕas'liwa/.]
Estoy contento /contenta/.	**Я задоволений /задоволена/.** [ja zado'wɔlɛnij /zado'wɔlɛna/.]
Estoy enamorado /enamorada/.	**Я закоханий /закохана/.** [ja za'kɔhanij /za'kɔhana/.]
Estoy tranquilo.	**Я спокійний /спокійна/.** [ja spo'kijnij /spo'kijna/.]
Estoy aburrido.	**Мені нудно.** [mɛ'ni 'nudno.]

Estoy cansado /cansada/.	**Я втомився /втомилася/.** [ja wto'miwsʲa /wto'milasʲa/.]
Estoy triste.	**Мені сумно.** [mɛ'ni 'sumno.]
Estoy asustado.	**Я наляканий /налякана/.** [ja na'lʲakanij /na'lʲakana/.]
Estoy enfadado /enfadada/.	**Я злюся.** [ja 'zlʲusʲa.]

Estoy preocupado /preocupada/.	**Я хвилююся.** [ja hwi'lʲuʲusʲa.]
Estoy nervioso /nerviosa/.	**Я нервую.** [ja nɛr'wuʲu.]

Estoy celoso /celosa/.

Я заздрю.
[ja 'zazdrʲu.]

Estoy sorprendido /sorprendida/.

Я здивований /здивована/.
[ja zdɨ'wɔwanɨj /zdɨ'wɔwana/.]

Estoy perplejo /perpleja/.

Я спантеличений /спантеличена/.
[ja spantɛ'lɨʧɛnɨj /spantɛ'lɨʧɛna/.]

Problemas, Accidentes

Tengo un problema.	**В мене проблема.** [w 'mɛnɛ prob'lɛma.]
Tenemos un problema.	**У нас проблема.** [u nas prob'lɛma.]
Estoy perdido /perdida/.	**Я заблукав /заблукала/.** [ja zablu'kaw /zablu'kala/.]
Perdi el último autobús (tren).	**Я запізнився на останній автобус (поїзд).** [ja zapiz'niwsˈa na os'tanij aw'tɔbus ('pɔizd).]
No me queda más dinero.	**У мене зовсім не залишилося грошей.** [u 'mɛnɛ 'zɔwsim nɛ za'liˈʃilosˈa 'ɦrɔʃɛj.]

He perdido …	**Я загубив /загубила/ …** [ja zaɦu'biw /zaɦu'biła/ …]
Me han robado …	**В мене вкрали …** [w 'mɛnɛ 'wkrali …]
mi pasaporte	**паспорт** ['pasport]
mi cartera	**гаманець** [ɦama'nɛʦ]
mis papeles	**документи** [doku'mɛnti]
mi billete	**квиток** [kwi'tɔk]
mi dinero	**гроші** ['ɦrɔʃi]
mi bolso	**сумку** ['sumku]
mi cámara	**фотоапарат** [fotoapa'rat]
mi portátil	**ноутбук** [nout'buk]
mi tableta	**планшет** [plan'ʃɛt]
mi teléfono	**телефон** [tɛlɛ'fɔn]

¡Ayúdeme!	**Допоможіть!** [dopomo'ʒitˈ]
¿Qué pasó?	**Що трапилося?** [ɕɔ 'trapilosˈa?]

el incendio	**пожежа** [po'ʒɛʒa]
un tiroteo	**стрілянина** [striʎa'nina]
el asesinato	**вбивство** ['wbiwstwo]
una explosión	**вибух** ['wibuh]
una pelea	**бійка** ['bijka]

¡Llame a la policía!	**Викличте поліцію!** ['wiklitʃtɛ po'litsʲiʲu!]
¡Más rápido, por favor!	**Будь ласка, швидше!** [budʲ 'laska, 'ʃwidʃɛ!]
Busco la comisaría.	**Я шукаю поліцейську дільницю.** [ja ʃu'kaʲu poli'tsɛjsʲku diʎ'nitsʲu.]
Tengo que hacer una llamada.	**Мені треба зателефонувати.** [mɛ'ni 'trɛba zatɛlɛfonu'wati.]
¿Puedo usar su teléfono?	**Чи можна мені зателефонувати?** [tʃi 'mɔʒna mɛ'ni zatɛlɛfonu'wati?]

Me han …	**Мене ...** [mɛ'nɛ …]
asaltado /asaltada/	**пограбували** [pohrabu'wali]
robado /robada/	**обікрали** [obi'krali]
violada	**зґвалтували** [zgwaltu'wali]
atacado /atacada/	**побили** [po'bili]

¿Se encuentra bien?	**З вами все гаразд?** [z 'wami wsɛ ɦa'razd?]
¿Ha visto quien a sido?	**Ви бачили, хто це був?** [wi 'batʃili, hto tsɛ buw?]
¿Sería capaz de reconocer a la persona?	**Ви зможете його впізнати?** [wi 'zmɔʒɛtɛ ʲo'hɔ wpiz'nati?]
¿Está usted seguro?	**Ви точно впевнені?** [wi 'tɔtʃno 'wpɛwnɛni?]

Por favor, cálmese.	**Будь ласка, заспокойтеся.** [budʲ 'laska, zaspo'kɔjtɛsʲa.]
¡Cálmese!	**Спокійніше!** [spokij'niʃɛ!]
¡No se preocupe!	**Не турбуйтесь.** [nɛ tur'bujtɛsʲ.]
Todo irá bien.	**Все буде добре.** [wsɛ 'budɛ 'dɔbrɛ.]
Todo está bien.	**Все гаразд.** [wsɛ ɦa'razd.]

Venga aquí, por favor.

Підійдіть, будь ласка.
[pidij'dit', budʲ 'laska.]

Tengo unas preguntas para usted.

У мене до вас кілька запитань.
[u 'mɛnɛ do was 'kilʲka zapi'tanʲ.]

Espere un momento, por favor.

Зачекайте, будь ласка.
[zatʃɛ'kajtɛ, budʲ 'laska.]

¿Tiene un documento de identidad?

У вас є документи?
[u was 'ɛ doku'mɛnti?]

Gracias. Puede irse ahora.

Дякую. Ви можете йти.
['dʲakuʲu. wɨ 'mɔʒɛtɛ jti.]

¡Manos detrás de la cabeza!

Руки за голову!
['ruki za 'ɦɔlowu!]

¡Está arrestado!

Ви заарештовані!
[wɨ zaarɛʃ'tɔwani!]

Problemas de salud

Ayudeme, por favor.	**Допоможіть, будь ласка.** [dopomo'ʒitʲ, budʲ 'laska.]
No me encuentro bien.	**Мені погано.** [mɛ'ni po'ɦano.]
Mi marido no se encuentra bien.	**Моєму чоловікові погано.** [mo'ɛmu tʃolo'wikowi po'ɦano.]
Mi hijo …	**Моєму сину …** [mo'ɛmu 'sinu …]
Mi padre …	**Моєму батькові …** [mo'ɛmu 'batʲkowi …]
Mi mujer no se encuentra bien.	**Моїй дружині погано.** [mo'ij dru'ʒini po'ɦano.]
Mi hija …	**Моїй дочці …** [mo'ij dotʃʲtsi …]
Mi madre …	**Моїй матері …** [mo'ij 'matɛri …]
Me duele …	**У мене болить …** [u 'mɛnɛ bo'litʲ …]
la cabeza	**голова** [ɦolo'wa]
la garganta	**горло** ['ɦorlo]
el estómago	**живіт** [ʒi'wit]
un diente	**зуб** [zub]
Estoy mareado.	**У мене паморочиться голова.** [u 'mɛnɛ 'pamorotʃitʲsʲa ɦolo'wa.]
Él tiene fiebre.	**У нього температура.** [u 'njoɦo tɛmpɛra'tura.]
Ella tiene fiebre.	**У неї температура.** [u nɛi tɛmpɛra'tura.]
No puedo respirar.	**Я не можу дихати.** [ja nɛ 'moʒu 'dihati.]
Me ahogo.	**Я задихаюсь.** [ja zadi'haʲusʲ.]
Tengo asma.	**Я астматик.** [ja ast'matik.]
Tengo diabetes.	**Я діабетик.** [ja dia'bɛtik.]

No puedo dormir.	**В мене безсоння.** [w 'mɛnɛ bɛz'sɔnʲa.]
intoxicación alimentaria	**харчове отруєння** [hartʃo'wɛ ot'ruɛnʲa]

Me duele aquí.	**Болить ось тут.** [bo'litʲ osʲ tut.]
¡Ayúdeme!	**Допоможіть!** [dopomo'ʒitʲ!]
¡Estoy aquí!	**Я тут!** [ja tut!]
¡Estamos aquí!	**Ми тут!** [mi tut!]
¡Saquenme de aquí!	**Витягніть мене!** ['witʲahnitʲ mɛ'nɛ!]
Necesito un médico.	**Мені потрібен лікар.** [mɛ'ni po'tribɛn 'likar.]
No me puedo mover.	**Я не можу рухатися.** [ja nɛ 'mɔʒu 'ruhatisʲa.]
No puedo mover mis piernas.	**Я не відчуваю ніг.** [ja nɛ widtʃu'waʲu nih.]

Tengo una herida.	**Я поранений /поранена/.** [ja po'ranɛnij /po'ranɛna/.]
¿Es grave?	**Це серйозно?** [tsɛ sɛr'jozno?]
Mis documentos están en mi bolsillo.	**Мої документи в кишені.** [mo'i doku'mɛnti w ki'ʃɛni.]
¡Cálmese!	**Заспокойтеся!** [zaspo'kojtɛsʲa!]
¿Puedo usar su teléfono?	**Чи можна мені зателефонувати?** [tʃi 'mɔʒna mɛ'ni zatɛlɛfonu'wati?]

¡Llame a una ambulancia!	**Викличте швидку!** ['wiklitʃtɛ ʃwid'ku!]
¡Es urgente!	**Це терміново!** [tsɛ tɛrmi'nowo!]
¡Es una emergencia!	**Це дуже терміново!** [tsɛ 'duʒɛ tɛrmi'nowo!]
¡Más rápido, por favor!	**Будь ласка, швидше!** [budʲ 'laska, 'ʃwidʃɛ!]
¿Puede llamar a un médico, por favor?	**Викличте лікаря, будь ласка.** ['wiklitʃtɛ 'likarʲa, budʲ 'laska.]
¿Dónde está el hospital?	**Скажіть, де лікарня?** [ska'ʒitʲ, dɛ li'karnʲa?]

¿Cómo se siente?	**Як ви себе почуваєте?** [jak wi sɛ'bɛ potʃu'waɛtɛ?]
¿Se encuentra bien?	**З вами все гаразд?** [z 'wami wsɛ ha'razd?]
¿Qué pasó?	**Що трапилося?** [ɕo 'trapilosʲa?]

Me encuentro mejor.

Мені вже краще.
[mɛ'ni wʒɛ 'kraɕɛ.]

Está bien.

Все гаразд.
[wsɛ ɦa'razd.]

Todo está bien.

Все добре.
[wsɛ 'dɔbrɛ.]

En la farmacia

la farmacia	**аптека** [ap'tɛka]
la farmacia 24 horas	**цілодобова аптека** [tsilodo'bɔwa ap'tɛka]
¿Dónde está la farmacia más cercana?	**Де найближча аптека?** [dɛ najb'liʒtʃa ap'tɛka?]
¿Está abierta ahora?	**Вона зараз відкрита?** [wo'na 'zaraz wid'krita?]
¿A qué hora abre?	**О котрій вона відкривається?** [o kot'rij wo'na widkri'waɛtsʲa?]
¿A qué hora cierra?	**До котрої години вона працює?** [do ko'trɔi ɦo'dini wo'na pra'tsʲuɛ?]
¿Está lejos?	**Це далеко?** [tsɛ da'lɛko?]
¿Puedo llegar a pie?	**Я дійду туди пішки?** [ja dij'du tu'di 'piʃki?]
¿Puede mostrarme en el mapa?	**Покажіть мені на карті, будь ласка.** [poka'ʒitʲ mɛ'ni na 'karti, budʲ 'laska.]
Por favor, deme algo para …	**Дайте мені, що-небудь від …** ['dajtɛ mɛ'ni, ɕo-'nɛbudʲ wid …]
un dolor de cabeza	**головного болю** [ɦolow'nɔɦo 'bɔlʲu]
la tos	**кашлю** ['kaʃlʲu]
el resfriado	**застуди** [za'studi]
la gripe	**грипу** ['ɦripu]
la fiebre	**температури** [tɛmpɛra'turi]
un dolor de estomago	**болю в шлунку** ['bɔlʲu w 'ʃlunku]
nauseas	**нудоти** [nu'dɔti]
la diarrea	**діареї** [dia'rɛi]
el estreñimiento	**запору** [za'pɔru]
un dolor de espalda	**біль у спині** ['bilʲ u spi'ni]

un dolor de pecho	**біль у грудях** ['biľ u 'ɦrudʲah]
el flato	**біль у боці** ['biľ u 'botsi]
un dolor abdominal	**біль в животі** ['biľ w ʒiwo'ti]

la píldora	**таблетка** [tab'lɛtka]
la crema	**мазь, крем** [mazʲ, krɛm]
el jarabe	**сироп** [siʲ'rɔp]
el spray	**спрей** ['sprɛj]
las gotas	**краплі** ['krapli]

Tiene que ir al hospital.	**Вам потрібно в лікарню.** [wam po'tribno w li'karnʲu.]
el seguro de salud	**страховка** [stra'hɔwka]
la receta	**рецепт** [rɛ'tsɛpt]
el repelente de insectos	**засіб від комах** ['zasib wid ko'mah]
la curita	**лейкопластир** [lɛjko'plastir]

Lo más imprescindible

Perdone, …	**Вибачте, …** ['wɪbatʃtɛ, …]
Hola.	**Добрий день.** ['dɔbrij dɛnʲ.]
Gracias.	**Дякую.** ['dʲakuʲu.]

Sí.	**Так.** [tak.]
No.	**Ні.** [ni.]
No lo sé.	**Я не знаю.** [ja nɛ 'znaʲu.]
¿Dónde? | ¿A dónde? | ¿Cuándo?	**Де? | Куди? | Коли?** [dɛ? | ku'di? | ko'li?]

Necesito …	**Мені потрібен …** [mɛ'ni po'tribɛn …]
Quiero …	**Я хочу …** [ja 'hɔʧu …]
¿Tiene …?	**У вас є …?** [u was 'ɛ …?]
¿Hay … por aquí?	**Тут є …?** [tut ɛ …?]
¿Puedo …?	**Чи можна мені …?** [ʧi 'mɔʒna mɛ'ni …?]
…, por favor? (petición educada)	**Будь ласка** [budʲ 'laska]

Busco …	**Я шукаю …** [ja ʃu'kaʲu …]
el servicio	**туалет** [tua'lɛt]
un cajero automático	**банкомат** [banko'mat]
una farmacia	**аптеку** [ap'tɛku]
el hospital	**лікарню** [li'karnʲu]

| la comisaría | **поліцейську дільницю**
[poli'ʦɛjsʲku dilʲ'niʦʲu] |
| el metro | **метро**
[mɛt'rɔ] |

un taxi	**таксі** [tak'si]
la estación de tren	**вокзал** [wok'zal]

Me llamo …	**Мене звуть ...** [mɛ'nɛ zwutʲ …]
¿Cómo se llama?	**Як вас звуть?** [jak was 'zwutʲ?]
¿Puede ayudarme, por favor?	**Допоможіть мені, будь ласка.** [dopomo'ʒitʲ mɛ'ni, budʲ 'laska.]
Tengo un problema.	**У мене проблема.** [u 'mɛnɛ prob'lɛma.]
Me encuentro mal.	**Мені погано.** [mɛ'ni po'ɦano.]
¡Llame a una ambulancia!	**Викличте швидку!** ['wiklitʃtɛ ʃwid'ku!]
¿Puedo llamar, por favor?	**Чи можна мені зателефонувати?** [tʃi 'mɔʒna mɛ'ni zatɛlɛfonu'wati?]

Lo siento.	**Прошу вибачення** ['prɔʃu 'wibatʃɛnʲa]
De nada.	**Прошу** ['prɔʃu]

Yo	**я** [ja]
tú	**ти** [ti]
él	**він** [win]
ella	**вона** [wo'na]
ellos	**вони** [wo'ni]
ellas	**вони** [wo'ni]
nosotros /nosotras/	**ми** [mi]
ustedes, vosotros	**ви** [wi]
usted	**Ви** [wi]

ENTRADA	**ВХІД** [whid]
SALIDA	**ВИХІД** ['wihid]
FUERA DE SERVICIO	**НЕ ПРАЦЮЄ** [nɛ pra'tsʲuɛ]
CERRADO	**ЗАКРИТО** [za'krito]

ABIERTO **ВІДКРИТО**
[wid'krito]

PARA SEÑORAS **ДЛЯ ЖІНОК**
[dlʲa ʒi'nɔk]

PARA CABALLEROS **ДЛЯ ЧОЛОВІКІВ**
[dlʲa ʧolowi'kiw]

DICCIONARIO CONCISO

Esta sección contiene más
de 1.500 palabras útiles.
El diccionario incluye muchos
términos gastronómicos
y será de gran ayuda para
pedir alimentos en un
restaurante o comprando
comestibles en la tienda

T&P Books Publishing

CONTENIDO
DEL DICCIONARIO

tiempo (m)	час (с)	[ʧas]
hora (f)	година (ж)	[ɦoˈdina]
media hora (f)	півгодини (мн)	[piwɦoˈdini]
minuto (m)	хвилина (ж)	[hwiˈlina]
segundo (m)	секунда (ж)	[sɛˈkunda]
hoy (adv)	сьогодні	[sʲoˈɦodni]
mañana (adv)	завтра	[ˈzawtra]
ayer (adv)	вчора	[ˈwʧora]
lunes (m)	понеділок (ч)	[ponɛˈdilok]
martes (m)	вівторок (ч)	[wiwˈtorok]
miércoles (m)	середа (ж)	[sɛrɛˈda]
jueves (m)	четвер (ч)	[ʧɛtˈwɛr]
viernes (m)	п'ятниця (ж)	[ˈpʲʲatnitsʲa]
sábado (m)	субота (ж)	[suˈbota]
domingo (m)	неділя (ж)	[nɛˈdilʲa]
día (m)	день (ч)	[dɛnʲ]
día (m) de trabajo	робочий день (ч)	[roˈboʧij dɛnʲ]
día (m) de fiesta	святковий день (ч)	[swʲatˈkowij dɛnʲ]
fin (m) de semana	вихідні (мн)	[wihidˈni]
semana (f)	тиждень (ч)	[ˈtiʒdɛnʲ]
semana (f) pasada	на минулому тижні	[na miˈnulomu ˈtiʒni]
semana (f) que viene	на наступному тижні	[na naˈstupnomu ˈtiʒni]
salida (f) del sol	схід (ч) сонця	[shid ˈsontsʲa]
puesta (f) del sol	захід (ч)	[ˈzahid]
por la mañana	вранці	[ˈwrantsi]
por la tarde	після обіду	[ˈpislʲa oˈbidu]
por la noche	увечері	[uˈwɛʧɛri]
esta noche (p.ej. 8:00 p.m.)	сьогодні увечері	[sʲoˈɦodni uˈwɛʧɛri]
por la noche	уночі	[unoˈʧi]
medianoche (f)	північ (ж)	[ˈpiwniʧ]
enero (m)	січень (ч)	[ˈsiʧɛnʲ]
febrero (m)	лютий (ч)	[ˈlʲutij]
marzo (m)	березень (ч)	[ˈbɛrɛzɛnʲ]
abril (m)	квітень (ч)	[ˈkwitɛnʲ]
mayo (m)	травень (ч)	[ˈtrawɛnʲ]
junio (m)	червень (ч)	[ˈʧɛrwɛnʲ]
julio (m)	липень (ч)	[ˈlipɛnʲ]

agosto (m)	**серпень** (ч)	['sɛrpɛnʲ]
septiembre (m)	**вересень** (ч)	['wɛrɛsɛnʲ]
octubre (m)	**жовтень** (ч)	['ʒɔwtɛnʲ]
noviembre (m)	**листопад** (ч)	[listo'pad]
diciembre (m)	**грудень** (ч)	['ɦrudɛnʲ]
en primavera	**навесні**	[nawɛs'ni]
en verano	**влітку**	['wlitku]
en otoño	**восени**	[wosɛ'ni]
en invierno	**взимку**	['wzimku]
mes (m)	**місяць** (ч)	['misʲats]
estación (f)	**сезон** (ч)	[sɛ'zɔn]
año (m)	**рік** (ч)	[rik]
siglo (m)	**вік** (ч)	[wik]

2. Números. Los numerales

cifra (f)	**цифра** (ж)	['tsifra]
número (m) (~ cardinal)	**число** (c)	[tʃis'lɔ]
menos (m)	**мінус** (ч)	['minus]
más (m)	**плюс** (ч)	[plʲus]
suma (f)	**сума** (ж)	['suma]
primero (adj)	**перший**	['pɛrʃij]
segundo (adj)	**другий**	['druɦij]
tercero (adj)	**третій**	['trɛtij]
cero	**нуль**	[nulʲ]
uno	**один**	[o'din]
dos	**два**	[dwa]
tres	**три**	[tri]
cuatro	**чотири**	[tʃo'tiri]
cinco	**п'ять**	[pʲ'atʲ]
seis	**шість**	[ʃistʲ]
siete	**сім**	[sim]
ocho	**вісім**	['wisim]
nueve	**дев'ять**	['dɛwʲatʲ]
diez	**десять**	['dɛsʲatʲ]
once	**одинадцять**	[odi'nadtsʲatʲ]
doce	**дванадцять**	[dwa'nadtsʲatʲ]
trece	**тринадцять**	[tri'nadtsʲatʲ]
catorce	**чотирнадцять**	[tʃotir'nadtsʲatʲ]
quince	**п'ятнадцять**	[pʲat'nadtsʲatʲ]
dieciséis	**шістнадцять**	[ʃist'nadtsʲatʲ]
diecisiete	**сімнадцять**	[sim'nadtsʲatʲ]
dieciocho	**вісімнадцять**	[wisim'nadtsʲatʲ]

diecinueve	дев'ятнадцять	[dɛwʲat'nadtsʲatʲ]
veinte	двадцять	['dwadtsʲatʲ]
treinta	тридцять	['tridtsʲatʲ]
cuarenta	сорок	['sɔrok]
cincuenta	п'ятдесят	[pʲatdɛ'sʲat]
sesenta	шістдесят	[ʃizdɛ'sʲat]
setenta	сімдесят	[simdɛ'sʲat]
ochenta	вісімдесят	[wisimdɛ'sʲat]
noventa	дев'яносто	[dɛwʲa'nɔsto]
cien	сто	[sto]
doscientos	двісті	['dwisti]
trescientos	триста	['trista]
cuatrocientos	чотириста	[tʃo'tirista]
quinientos	п'ятсот	[pʲa'tsɔt]
seiscientos	шістсот	[ʃist'sɔt]
setecientos	сімсот	[sim'sɔt]
ochocientos	вісімсот	[wisim'sɔt]
novecientos	дев'ятсот	[dɛwʲa'tsɔt]
mil	тисяча	['tisʲatʃa]
diez mil	десять тисяч	['dɛsʲatʲ 'tisʲatʃ]
cien mil	сто тисяч	[sto 'tisʲatʃ]
millón (m)	мільйон (ч)	[milʲ'jon]
mil millones	мільярд (ч)	[mi'lʲjard]

3. El ser humano. Los familiares

hombre (m) (varón)	чоловік (ч)	[tʃolo'wik]
joven (m)	юнак (ч)	[ʲu'nak]
adolescente (m)	підліток (ч)	['pidlitok]
mujer (f)	жінка (ж)	['ʒinka]
muchacha (f)	дівчина (ж)	['diwtʃina]
edad (f)	вік (ч)	[wik]
adulto	дорослий	[do'rɔslij]
de edad media (adj)	середніх років	[sɛ'rɛdnih ro'kiw]
anciano, mayor (adj)	похилий	[po'hiɫij]
viejo (adj)	старий	[sta'rij]
anciano (m)	старий (ч)	[sta'rij]
anciana (f)	стара (ж)	[sta'ra]
jubilación (f)	пенсія (ж)	['pɛnsiʲa]
jubilarse	вийти на пенсію	['wijti na 'pɛnsiʲu]
jubilado (m)	пенсіонер (ч)	[pɛnsio'nɛr]
madre (f)	мати (ж)	['mati]
padre (m)	батько (ч)	['batʲko]
hijo (m)	син (ч)	[sin]

hija (f)	дочка (ж)	[dotʃ'ka]
hermano (m)	брат (ч)	[brat]
hermana (f)	сестра (ж)	[sɛst'ra]
padres (pl)	батьки (мн)	[bat'ki]
niño -a (m, f)	дитина (ж)	[di'tina]
niños (pl)	діти (мн)	['diti]
madrastra (f)	мачуха (ж)	['matʃuha]
padrastro (m)	вітчим (ч)	['witʃim]
abuela (f)	бабуся (ж)	[ba'busʲa]
abuelo (m)	дід (ч)	['did]
nieto (m)	онук (ч)	[o'nuk]
nieta (f)	онука (ж)	[o'nuka]
nietos (pl)	онуки (мн)	[o'nuki]
tío (m)	дядько (ч)	['dʲadʲko]
tía (f)	тітка (ж)	['titka]
sobrino (m)	племінник (ч)	[plɛ'minik]
sobrina (f)	племінниця (ж)	[plɛ'minitsʲa]
mujer (f)	дружина (ж)	[dru'ʒina]
marido (m)	чоловік (ч)	[tʃolo'wik]
casado (adj)	одружений	[od'ruʒɛnij]
casada (adj)	заміжня	[za'miʒnʲa]
viuda (f)	вдова (ж)	[wdo'wa]
viudo (m)	вдівець (ч)	[wdi'wɛts]
nombre (m)	ім'я (с)	[i'mʲa]
apellido (m)	прізвище (с)	['prizwiɕɛ]
pariente (m)	родич (ч)	['rɔditʃ]
amigo (m)	товариш (ч)	[to'wariʃ]
amistad (f)	дружба (ж)	['druʒba]
compañero (m)	партнер (ч)	[part'nɛr]
superior (m)	начальник (ч)	[na'tʃalʲnik]
colega (m, f)	колега (ч)	[ko'lɛɦa]
vecinos (pl)	сусіди (мн)	[su'sidi]

4. El cuerpo. La anatomía humana

organismo (m)	організм (ч)	[orɦa'nizm]
cuerpo (m)	тіло (с)	['tilo]
corazón (m)	серце (с)	['sɛrtsɛ]
sangre (f)	кров (ж)	[krow]
cerebro (m)	мозок (ч)	['mɔzok]
nervio (m)	нерв (ч)	[nɛrw]
hueso (m)	кістка (ж)	['kistka]
esqueleto (m)	скелет (ч)	[skɛ'lɛt]

columna (f) vertebral	**хребет** (ч)	[hrɛ'bɛt]
costilla (f)	**ребро** (с)	[rɛb'rɔ]
cráneo (m)	**череп** (ч)	['ʧɛrɛp]
músculo (m)	**м'яз** (ч)	['mʲiaz]
pulmones (m pl)	**легені** (мн)	[lɛ'ɦɛni]
piel (f)	**шкіра** (ж)	['ʃkira]
cabeza (f)	**голова** (ж)	[ɦolo'wa]
cara (f)	**обличчя** (с)	[ob'liʧʲa]
nariz (f)	**ніс** (ч)	[nis]
frente (f)	**чоло** (с)	[ʧo'lɔ]
mejilla (f)	**щока** (ж)	[ɕo'ka]
boca (f)	**рот** (ч)	[rot]
lengua (f)	**язик** (ч)	[ja'zik]
diente (m)	**зуб** (ч)	[zub]
labios (m pl)	**губи** (мн)	['ɦubɨ]
mentón (m)	**підборіддя** (с)	[pidbo'riddʲa]
oreja (f)	**вухо** (с)	['wuho]
cuello (m)	**шия** (ж)	['ʃʲia]
garganta (f)	**горло** (с)	['ɦɔrlo]
ojo (m)	**око** (с)	['ɔko]
pupila (f)	**зіниця** (ч)	[zi'nitsʲa]
ceja (f)	**брова** (ж)	[bro'wa]
pestaña (f)	**вія** (ж)	['wiʲa]
pelo, cabello (m)	**волосся** (с)	[wo'lɔssʲa]
peinado (m)	**зачіска** (ж)	['zatʃiska]
bigote (m)	**вуса** (мн)	['wusa]
barba (f)	**борода** (ж)	[boro'da]
tener (~ la barba)	**носити**	[no'siti]
calvo (adj)	**лисий**	['lisij]
mano (f)	**кисть** (ж)	[kistʲ]
brazo (m)	**рука** (ж)	[ru'ka]
dedo (m)	**палець** (ч)	['palɛts]
uña (f)	**ніготь** (ч)	['niɦotʲ]
palma (f)	**долоня** (ж)	[do'lonʲa]
hombro (m)	**плече** (с)	[plɛ'ʧɛ]
pierna (f)	**гомілка** (ж)	[ɦo'milka]
planta (f)	**ступня** (ж)	[stup'nʲa]
rodilla (f)	**коліно** (с)	[ko'lino]
talón (m)	**п'ятка** (ж)	['pʲiatka]
espalda (f)	**спина** (ж)	['spina]
cintura (f), talle (m)	**талія** (ж)	['taliʲa]
lunar (m)	**родимка** (ж)	['rɔdimka]
marca (f) de nacimiento	**родима пляма** (ж)	[ro'dima 'plʲama]

5. La medicina. Las drogas

salud (f)	здоров'я (c)	[zdo'rɔwʲia]
sano (adj)	здоровий	[zdo'rɔwij]
enfermedad (f)	хвороба (ж)	[hwo'rɔba]
estar enfermo	хворіти	[hwo'riti]
enfermo (adj)	хворий	['hwɔrij]
resfriado (m)	застуда (ж)	[za'studa]
resfriarse (vr)	застудитися	[zastu'ditisʲa]
angina (f)	ангіна (ж)	[an'hina]
pulmonía (f)	запалення (c) легенів	[za'palɛnja lɛ'hɛniw]
gripe (f)	грип (ч)	[hrip]
resfriado (m) (coriza)	нежить (ч)	['nɛʒitʲ]
tos (f)	кашель (ч)	['kaʃɛlʲ]
toser (vi)	кашляти	['kaʃlʲati]
estornudar (vi)	чхати	['tʃhati]
insulto (m)	інсульт (ч)	[in'sulʲt]
ataque (m) cardiaco	інфаркт (ч)	[in'farkt]
alergia (f)	алергія (ж)	[alɛr'hiʲa]
asma (f)	астма (ж)	['astma]
diabetes (f)	діабет (ч)	[dia'bɛt]
tumor (m)	пухлина (ж)	[puh'lina]
cáncer (m)	рак (ч)	[rak]
alcoholismo (m)	алкоголізм (ч)	[alkoɦo'lizm]
SIDA (m)	СНІД (ч)	[snid]
fiebre (f)	гарячка (ж)	[ɦa'rʲatʃka]
mareo (m)	морська хвороба (ж)	[morsʲ'ka hwo'rɔba]
moradura (f)	синець (ч)	[sɨ'nɛts]
chichón (m)	гуля (ж)	['ɦulʲa]
cojear (vi)	кульгати	[kulʲ'ɦati]
dislocación (f)	вивих (ч)	['wiwih]
dislocar (vt)	вивихнути	['wiwihnuti]
fractura (f)	перелом (ч)	[pɛrɛ'lɔm]
quemadura (f)	опік (ч)	['ɔpik]
herida (f)	ушкодження (c)	[uʃ'kɔʤɛnʲa]
dolor (m)	біль (ч)	[bilʲ]
dolor (m) de muelas	зубний біль (ч)	[zub'nij bilʲ]
sudar (vi)	спітніти	[spit'niti]
sordo (adj)	глухий (ч)	[ɦlu'hij]
mudo (adj)	німий (ч)	[ni'mij]
inmunidad (f)	імунітет (ч)	[imuni'tɛt]
virus (m)	вірус (ч)	['wirus]
microbio (m)	мікроб (ч)	[mik'rɔb]

bacteria (f)	бактерія (ж)	[bak'tɛriʲa]
infección (f)	інфекція (ж)	[in'fɛktsiʲa]
hospital (m)	лікарня (ж)	[li'karnʲa]
cura (f)	лікування (с)	[liku'wanʲa]
vacunar (vt)	робити щеплення	[ro'biti 'ɕɛplɛnʲa]
estar en coma	бути в комі	['buti w 'kɔmi]
revitalización (f)	реанімація (ж)	[rɛani'maʦiʲa]
síntoma (m)	симптом (ч)	[simp'tɔm]
pulso (m)	пульс (ч)	[pulʲs]

6. Los sentimientos. Las emociones

yo	я	[ja]
tú	ти	[ti]
él	він	[win]
ella	вона	[wo'na]
nosotros, -as	ми	[mi]
vosotros, -as	ви	[wɨ]
ellos, ellas	вони	[wo'nɨ]
¡Hola! (fam.)	Здрастуй!	['zdrastuj]
¡Hola! (form.)	Здрастуйте!	['zdrastujtɛ]
¡Buenos días!	Доброго ранку!	['dɔbroɦo 'ranku]
¡Buenas tardes!	Добрий день!	['dɔbrij dɛnʲ]
¡Buenas noches!	Добрий вечір!	['dɔbrij 'wɛʧir]
decir hola	вітатися	[wi'tatisʲa]
saludar (vt)	вітати	[wi'tati]
¿Cómo estás?	Як справи?	[jak 'sprawi]
¡Chau! ¡Adiós!	До побачення!	[do po'baʧɛnʲa]
¡Gracias!	Дякую!	['dʲakuʲu]
sentimientos (m pl)	почуття (мн)	[poʧut'tʲa]
tener hambre	хотіти їсти	[ho'titi 'jisti]
tener sed	хотіти пити	[ho'titi 'piti]
cansado (adj)	втомлений	['wtɔmlɛnij]
inquietarse (vr)	хвилюватися	[hwilʲu'watisʲa]
estar nervioso	нервуватися	[nɛrwu'watisʲa]
esperanza (f)	надія (ж)	[na'diʲa]
esperar (tener esperanza)	сподіватися	[spodi'watisʲa]
carácter (m)	характер (ч)	[ha'raktɛr]
modesto (adj)	скромний	['skrɔmnij]
perezoso (adj)	ледачий	[lɛ'daʧij]
generoso (adj)	щедрий	['ɕɛdrij]
talentoso (adj)	талановитий	[talano'witij]
honesto (adj)	чесний	['ʧɛsnij]

serio (adj)	серйозний	[sɛr'oznij]
tímido (adj)	сором'язливий	[soro'm'ʲazliwij]
sincero (adj)	щирий	['ɕirij]
cobarde (m)	боягуз (ч)	[boja'ɦuz]
dormir (vi)	спати	['spati]
sueño (m) (dulces ~s)	сон (ч)	[son]
cama (f)	ліжко (с)	['liʒko]
almohada (f)	подушка (ж)	[po'duʃka]
insomnio (m)	безсоння (с)	[bɛz'sonʲa]
irse a la cama	йти спати	[jti 'spati]
pesadilla (f)	страхіття (с)	[stra'hittʲa]
despertador (m)	будильник (ч)	[bu'dilʲnik]
sonrisa (f)	посмішка (ж)	['posmiʃka]
sonreír (vi)	посміхатися	[posmi'hatisʲa]
reírse (vr)	сміятися	[smiʲ'atisʲa]
disputa (f), riña (f)	сварка (ж)	['swarka]
insulto (m)	образа (ж)	[ob'raza]
ofensa (f)	образа (ж)	[ob'raza]
enfadado (adj)	сердитий	[sɛr'ditij]

7. La ropa. Accesorios personales

ropa (f)	одяг (ч)	['odʲaɦ]
abrigo (m)	пальто (с)	[palʲ'to]
abrigo (m) de piel	шуба (ж)	['ʃuba]
cazadora (f)	куртка (ж)	['kurtka]
impermeable (m)	плащ (ч)	[plaɕ]
camisa (f)	сорочка (ж)	[so'rotʃka]
pantalones (m pl)	штани (мн)	[ʃta'ni]
chaqueta (f), saco (m)	піджак (ч)	[pi'dʒak]
traje (m)	костюм (ч)	[kos'tʲum]
vestido (m)	сукня (ж)	['suknʲa]
falda (f)	спідниця (ж)	[spid'nitsʲa]
camiseta (f) (T-shirt)	футболка (ж)	[fut'bolka]
bata (f) de baño	халат (ч)	[ha'lat]
pijama (m)	піжама (ж)	[pi'ʒama]
ropa (f) de trabajo	робочий одяг (ж)	[ro'botʃij 'odʲaɦ]
ropa (f) interior	білизна (ж)	[bi'lizna]
calcetines (m pl)	шкарпетки (мн)	[ʃkar'pɛtki]
sostén (m)	бюстгальтер (ч)	[bʲust'halʲtɛr]
pantimedias (f pl)	колготки (мн)	[kol'ɦotki]
medias (f pl)	панчохи (мн)	[pan'tʃohi]
traje (m) de baño	купальник (ч)	[ku'palʲnik]
gorro (m)	шапка (ж)	['ʃapka]

calzado (m)	**взуття** (с)	[wzut'tʲa]
botas (f pl) altas	**чоботи** (мн)	['ʧɔboti]
tacón (m)	**каблук** (ч)	[kab'luk]
cordón (m)	**шнурок** (ч)	[ʃnu'rɔk]
betún (m)	**крем** (ч) **для взуття**	[krɛm dlʲa wzut'tʲa]
algodón (m)	**бавовна** (ж)	[ba'wɔwna]
lana (f)	**вовна** (ж)	['wɔwna]
piel (f) (~ de zorro, etc.)	**хутро** (с)	['hutro]
guantes (m pl)	**рукавички** (мн)	[ruka'wiʧki]
manoplas (f pl)	**рукавиці** (мн)	[ruka'wiʦi]
bufanda (f)	**шарф** (ч)	[ʃarf]
gafas (f pl)	**окуляри** (мн)	[oku'lʲari]
paraguas (m)	**парасолька** (ж)	[para'sɔlʲka]
corbata (f)	**краватка** (ж)	[kra'watka]
moquero (m)	**носовичок** (ч)	[nosowi'ʧɔk]
peine (m)	**гребінець** (ч)	[ɦrɛbi'nɛʦ]
cepillo (m) de pelo	**щітка** (ж) **для волосся**	['ɕitka dlʲa wo'lɔsʲsʲa]
hebilla (f)	**пряжка** (ж)	['prʲaʒka]
cinturón (m)	**пасок** (ч)	['pasok]
bolso (m)	**сумочка** (ж)	['sumoʧka]
cuello (m)	**комір** (ч)	['kɔmir]
bolsillo (m)	**кишеня** (ж)	[ki'ʃɛnʲa]
manga (f)	**рукав** (ч)	[ru'kaw]
bragueta (f)	**ширінка** (ж)	[ʃi'rinka]
cremallera (f)	**змійка** (ж)	['zmijka]
botón (m)	**ґудзик** (ч)	['guʤik]
ensuciarse (vr)	**забруднитися**	[zabrud'nitisʲa]
mancha (f)	**пляма** (ж)	['plʲama]

8. La ciudad. Las instituciones urbanas

tienda (f)	**магазин** (ч)	[maɦa'zin]
centro (m) comercial	**торгівельний центр** (ч)	[torɦi'wɛlʲnij 'ʦɛntr]
supermercado (m)	**супермаркет** (ч)	[supɛr'markɛt]
zapatería (f)	**взуттєвий магазин** (ч)	[wzut'tɛwij maɦa'zin]
librería (f)	**книгарня** (ж)	[kni'ɦarnʲa]
farmacia (f)	**аптека** (ж)	[ap'tɛka]
panadería (f)	**булочна** (ж)	['buloʧna]
pastelería (f)	**кондитерська** (ж)	[kon'ditɛrsʲka]
tienda (f) de comestibles	**бакалія** (ж)	[baka'lʲia]
carnicería (f)	**м'ясний магазин** (ч)	[mʔʲas'nij maɦa'zin]
verdulería (f)	**овочевий магазин** (ч)	[owo'ʧɛwij maɦa'zin]
mercado (m)	**ринок** (ч)	['rinok]
peluquería (f)	**перукарня** (ж)	[pɛru'karnʲa]

oficina (f) de correos	пошта (ж)	['pɔʃta]
tintorería (f)	хімчистка (ж)	[him'tʃistka]
circo (m)	цирк (ч)	[tsirk]
zoológico (m)	зоопарк (ч)	[zoo'park]
teatro (m)	театр (ч)	[tɛ'atr]
cine (m)	кінотеатр (ч)	[kinotɛ'atr]
museo (m)	музей (ч)	[mu'zɛj]
biblioteca (f)	бібліотека (ж)	[biblio'tɛka]
mezquita (f)	мечеть (ж)	[mɛ'tʃɛtʲ]
sinagoga (f)	синагога (ж)	[sina'ɦɔɦa]
catedral (f)	собор (ч)	[so'bɔr]
templo (m)	храм (ч)	[hram]
iglesia (f)	церква (ж)	['tsɛrkwa]
instituto (m)	інститут (ч)	[insti'tut]
universidad (f)	університет (ч)	[uniwɛrsi'tɛt]
escuela (f)	школа (ж)	['ʃkɔla]
hotel (m)	готель (ч)	[ɦo'tɛlʲ]
banco (m)	банк (ч)	[bank]
embajada (f)	посольство (с)	[po'sɔlʲstwo]
agencia (f) de viajes	турагентство (с)	[tura'ɦɛntstwo]
metro (m)	метро (с)	[mɛt'rɔ]
hospital (m)	лікарня (ж)	[li'karnʲa]
gasolinera (f)	бензоколонка (ж)	[bɛnzoko'lɔnka]
aparcamiento (m)	стоянка (ж)	[sto'ʲanka]
ENTRADA	ВХІД	[whid]
SALIDA	ВИХІД	['wihid]
EMPUJAR	ВІД СЕБЕ	[wid 'sɛbɛ]
TIRAR	ДО СЕБЕ	[do 'sɛbɛ]
ABIERTO	ВІДЧИНЕНО	[wid'tʃinɛno]
CERRADO	ЗАЧИНЕНО	[za'tʃinɛno]
monumento (m)	пам'ятник (ч)	['pamʲatnik]
fortaleza (f)	фортеця (ж)	[for'tɛtsʲa]
palacio (m)	палац (ч)	[pa'lats]
medieval (adj)	середньовічний	[sɛrɛdnʲo'witʃnij]
antiguo (adj)	старовинний	[staro'winij]
nacional (adj)	національний	[natsio'nalʲnij]
conocido (adj)	відомий	[wi'dɔmij]

9. El dinero. Las finanzas

dinero (m)	гроші (мн)	['ɦrɔʃi]
moneda (f)	монета (ж)	[mo'nɛta]
dólar (m)	долар (ч)	['dɔlar]

euro (m)	євро (ч)	['ɛwro]
cajero (m) automático	банкомат (ч)	[banko'mat]
oficina (f) de cambio	обмінний пункт (ч)	[ob'minij punkt]
curso (m)	курс (ч)	[kurs]
dinero (m) en efectivo	готівка (ж)	[ɦo'tiwka]
¿Cuánto?	Скільки?	['skilʲki]
pagar (vi, vt)	платити	[pla'titi]
pago (m)	оплата (ж)	[op'lata]
cambio (m) (devolver el ~)	решта (ж)	['rɛʃta]
precio (m)	ціна (ж)	[ʦi'na]
descuento (m)	знижка (ж)	['zniʒka]
barato (adj)	дешевий	[dɛ'ʃɛwij]
caro (adj)	дорогий	[doro'ɦij]
banco (m)	банк (ч)	[bank]
cuenta (f)	рахунок (ч)	[ra'ɦunok]
tarjeta (f) de crédito	кредитна картка (ж)	[krɛ'ditna 'kartka]
cheque (m)	чек (ч)	[ʧɛk]
sacar un cheque	виписати чек	['wipisati 'ʧɛk]
talonario (m)	чекова книжка (ж)	['ʧɛkowa 'kniʒka]
deuda (f)	борг (ч)	['borɦ]
deudor (m)	боржник (ч)	[borʒ'nik]
prestar (vt)	позичити	[po'ziʧiti]
tomar prestado	взяти в борг	['wzʲati w borɦ]
alquilar (vt)	взяти напрокат	['wzʲati napro'kat]
a crédito (adv)	в кредит (ч)	[w krɛ'dit]
cartera (f)	гаманець (ч)	[ɦama'nɛʦ]
caja (f) fuerte	сейф (ч)	[sɛjf]
herencia (f)	спадщина (с)	['spadɕina]
fortuna (f)	статок (ч)	['statok]
impuesto (m)	податок (ч)	[po'datok]
multa (f)	штраф (ч)	[ʃtraf]
multar (vt)	штрафувати	[ʃtrafu'wati]
al por mayor (adj)	оптовий	[op'tɔwij]
al por menor (adj)	роздрібний	[rozd'ribnij]
asegurar (vt)	страхувати	[strahu'wati]
seguro (m)	страхування (с)	[strahu'wanʲa]
capital (m)	капітал (ч)	[kapi'tal]
volumen (m) de negocio	обіг (ч)	['ɔbiɦ]
acción (f)	акція (ж)	['akʦiʲa]
beneficio (m)	прибуток (ч)	[pri'butok]
beneficioso (adj)	прибутковий	[pribut'kɔwij]
crisis (f)	криза (ж)	['kriza]
bancarrota (f)	банкрутство (с)	[ban'krutstwo]
ir a la bancarrota	збанкрутувати	[zbankrutu'wati]

contable (m)	бухгалтер (ч)	[buh'haltɛr]
salario (m)	заробітна платня (ж)	[zaro'bitna plat'nʲa]
premio (m)	премія (ж)	['prɛmiʲa]

10. El transporte

autobús (m)	автобус (ч)	[aw'tɔbus]
tranvía (m)	трамвай (ч)	[tram'waj]
trolebús (m)	тролейбус (ч)	[tro'lɛjbus]

ir en …	їхати на …	['jihati na]
tomar (~ el autobús)	сісти	['sisti]
bajar (~ del tren)	зійти	[zij'ti]

parada (f)	зупинка (ж)	[zu'pinka]
parada (f) final	кінцева зупинка (ж)	[kin'tsɛwa zu'pinka]
horario (m)	розклад (ч)	['rɔzklad]
billete (m)	квиток (ч)	[kwi'tɔk]
llegar tarde (vi)	запізнюватися	[za'piznʲuwatisʲa]

taxi (m)	таксі (c)	[tak'si]
en taxi	на таксі	[na tak'si]
parada (f) de taxi	стоянка (c) таксі	[stoʲanka tak'si]

tráfico (m)	вуличний рух (ч)	['wulitʃnij ruh]
horas (f pl) de punta	години (мн) пік	[ho'dini pik]
aparcar (vi)	паркуватися	[parku'watisʲa]

metro (m)	метро (c)	[mɛt'rɔ]
estación (f)	станція (ж)	['stantsiʲa]
tren (m)	поїзд (ч)	['pɔjizd]
estación (f)	вокзал (ч)	[wok'zal]
rieles (m pl)	рейки (мн)	['rɛjki]
compartimiento (m)	купе (c)	[ku'pɛ]
litera (f)	полиця (ж)	[po'litsʲa]

avión (m)	літак (ч)	[li'tak]
billete (m) de avión	авіаквиток (ч)	[awiakwi'tɔk]
compañía (f) aérea	авіакомпанія (ж)	[awiakom'paniʲa]
aeropuerto (m)	аеропорт (ч)	[aɛro'pɔrt]

vuelo (m)	політ (ч)	[po'lit]
equipaje (m)	багаж (ч)	[ba'haʒ]
carrito (m) de equipaje	візок (ч) для багажу	[wi'zɔk dlʲa baha'ʒu]

barco, buque (m)	корабель (ч)	[kora'bɛlʲ]
trasatlántico (m)	лайнер (ч)	['lajnɛr]
yate (m)	яхта (ж)	['ʲahta]
bote (m) de remo	човен (ч)	['tʃɔwɛn]
capitán (m)	капітан (ч)	[kapi'tan]

| camarote (m) | каюта (ж) | [ka'ᵢuta] |
| puerto (m) | порт (ч) | [port] |

bicicleta (f)	велосипед (ч)	[wɛlosi'pɛd]
scooter (m)	моторолер (ч)	[moto'rɔlɛr]
motocicleta (f)	мотоцикл (ч)	[moto'ʦikl]
pedal (m)	педаль (ж)	[pɛ'dalʲ]
bomba (f)	помпа (ж)	['pɔmpa]
rueda (f)	колесо (c)	['kɔlɛso]

coche (m)	автомобіль (ч)	[awtomo'bilʲ]
ambulancia (f)	швидка допомога (ж)	[ʃwid'ka dopo'mɔɦa]
camión (m)	вантажівка (ж)	[wanta'ʒiwka]
de ocasión (adj)	вживаний	['wʒiwanij]
accidente (m)	аварія (ж)	[a'wariʲa]
reparación (f)	ремонт (ч)	[rɛ'mɔnt]

11. La comida. Unidad 1

carne (f)	м'ясо (c)	['mʲʲaso]
gallina (f)	курка (ж)	['kurka]
pato (m)	качка (ж)	['kaʧka]

carne (f) de cerdo	свинина (ж)	[swi'nina]
carne (f) de ternera	телятина (ж)	[tɛ'lʲatina]
carne (f) de carnero	баранина (ж)	[ba'ranina]
carne (f) de vaca	яловичина (ж)	['ʲalowiʧina]

salchichón (m)	ковбаса (ж)	[kowba'sa]
huevo (m)	яйце (c)	[jaj'ʦɛ]
pescado (m)	риба (ж)	['riba]
queso (m)	сир (ч)	[sir]
azúcar (m)	цукор (ч)	['ʦukor]
sal (f)	сіль (ж)	[silʲ]

arroz (m)	рис (ч)	[ris]
macarrones (m pl)	макарони (мн)	[maka'rɔni]
mantequilla (f)	вершкове масло (c)	[wɛrʃ'kɔwɛ 'maslo]
aceite (m) vegetal	олія (ж) рослинна	[o'liʲa ros'lina]
pan (m)	хліб (ч)	[hlib]
chocolate (m)	шоколад (ч)	[ʃoko'lad]

vino (m)	вино (c)	[wi'nɔ]
café (m)	кава (ж)	['kawa]
leche (f)	молоко (c)	[molo'kɔ]
zumo (m), jugo (m)	сік (ч)	[sik]
cerveza (f)	пиво (c)	['piwo]
té (m)	чай (ч)	[ʧaj]
tomate (m)	помідор (ч)	[pomi'dɔr]
pepino (m)	огірок (ч)	[oɦi'rɔk]

zanahoria (f)	морква (ж)	['mɔrkwa]
patata (f)	картопля (ж)	[kar'tɔplʲa]
cebolla (f)	цибуля (ж)	[tsʲi'bulʲa]
ajo (m)	часник (ч)	[ʧas'nʲik]
col (f)	капуста (ж)	[ka'pusta]
remolacha (f)	буряк (ч)	[bu'rʲak]
berenjena (f)	баклажан (ч)	[bakla'ʒan]
eneldo (m)	кріп (ч)	[krip]
lechuga (f)	салат (ч)	[sa'lat]
maíz (m)	кукурудза (ж)	[kuku'rudza]
fruto (m)	фрукт (ч)	[frukt]
manzana (f)	яблуко (с)	['ʲabluko]
pera (f)	груша (ж)	['ɦruʃa]
limón (m)	лимон (ч)	[lʲi'mɔn]
naranja (f)	апельсин (ч)	[apɛlʲ'sʲin]
fresa (f)	полуниця (ж)	[polu'nʲitsʲa]
ciruela (f)	слива (ж)	['slʲiwa]
frambuesa (f)	малина (ж)	[ma'lʲina]
piña (f)	ананас (ч)	[ana'nas]
banana (f)	банан (ч)	[ba'nan]
sandía (f)	кавун (ч)	[ka'wun]
uva (f)	виноград (ч)	[wino'ɦrad]
melón (m)	диня (ж)	['dʲinʲa]

12. La comida. Unidad 2

cocina (f)	кухня (ж)	['kuhnʲa]
receta (f)	рецепт (ч)	[rɛ'tsɛpt]
comida (f)	їжа (ж)	['jiʒa]
desayunar (vi)	снідати	['snidati]
almorzar (vi)	обідати	[o'bidati]
cenar (vi)	вечеряти	[wɛ'ʧɛrʲati]
sabor (m)	смак (ч)	[smak]
sabroso (adj)	смачний	[smaʧ'nij]
frío (adj)	холодний	[ho'lɔdnij]
caliente (adj)	гарячий	[ɦa'rʲaʧij]
azucarado, dulce (adj)	солодкий	[so'lɔdkij]
salado (adj)	солоний	[so'lɔnij]
bocadillo (m)	канапка (ж)	[ka'napka]
guarnición (f)	гарнір (ч)	[ɦar'nʲir]
relleno (m)	начинка (ж)	[na'ʧinka]
salsa (f)	соус (ч)	['sɔus]
pedazo (m)	шматок (ч)	[ʃma'tɔk]
dieta (f)	дієта (ж)	[di'ɛta]

vitamina (f)	вітамін (ч)	[wita'min]
caloría (f)	калорія (ж)	[ka'loriʲa]
vegetariano (m)	вегетаріанець (ч)	[wɛɦɛtari'anɛts]

restaurante (m)	ресторан (ч)	[rɛsto'ran]
cafetería (f)	кав'ярня (ж)	[ka'wʲʲarnʲa]
apetito (m)	апетит (ч)	[apɛ'tit]
¡Que aproveche!	Смачного!	[smatʃ'noɦo]

camarero (m)	офіціант (ч)	[ofitsi'ant]
camarera (f)	офіціантка (ж)	[ofitsi'antka]
barman (m)	бармен (ч)	[bar'mɛn]
carta (f), menú (m)	меню (с)	[mɛ'nʲu]

cuchara (f)	ложка (ж)	['loʒka]
cuchillo (m)	ніж (ч)	[niʒ]
tenedor (m)	виделка (ж)	[wi'dɛlka]
taza (f)	чашка (ж)	['ʧaʃka]

plato (m)	тарілка (ж)	[ta'rilka]
platillo (m)	блюдце (с)	['blʲudtsɛ]
servilleta (f)	серветка (ж)	[sɛr'wɛtka]
mondadientes (m)	зубочистка (ж)	[zubo'ʧistka]

pedir (vt)	замовити	[za'mɔwiti]
plato (m)	страва (ж)	['strawa]
porción (f)	порція (ж)	['pɔrtsiʲa]
entremés (m)	закуска (ж)	[za'kuska]
ensalada (f)	салат (ч)	[sa'lat]
sopa (f)	юшка (ж)	['ʲuʃka]

postre (m)	десерт (ч)	[dɛ'sɛrt]
confitura (f)	варення (с)	[wa'rɛnʲa]
helado (m)	морозиво (с)	[mo'rɔziwo]
cuenta (f)	рахунок (ч)	[ra'hunok]
pagar la cuenta	оплатити рахунок	[opla'titɨ ra'hunok]
propina (f)	чайові (мн)	[ʧaʲo'wi]

13. La casa. El apartamento. Unidad 1

casa (f)	будинок (ч)	[bu'dinok]
casa (f) de campo	будинок (ч) за містом	[bu'dinok za 'mistom]
villa (f)	вілла (ж)	['willa]

piso (m), planta (f)	поверх (ч)	['pɔwɛrh]
entrada (f)	під'їзд (ч)	[pidʲ''jizd]
pared (f)	стіна (ж)	[sti'na]
techo (m)	дах (ч)	[dah]
chimenea (f)	труба (ж)	[tru'ba]
desván (m)	горище (с)	[ɦo'riɕɛ]

ventana (f)	вікно (c)	[wik'nɔ]
alféizar (m)	підвіконня (c)	[pidwi'kɔnʲa]
balcón (m)	балкон (ч)	[bal'kɔn]
escalera (f)	сходи (мн)	['shɔdi]
buzón (m)	поштова скринька (ж)	[poʃ'tɔwa sk'rinʲka]
contenedor (m) de basura	бак (ч) для сміття	[bak dlʲa smit'tʲa]
ascensor (m)	ліфт (ч)	[lift]
electricidad (f)	електрика (ж)	[ɛ'lɛktrika]
bombilla (f)	лампочка (ж)	['lampotʃka]
interruptor (m)	вимикач (ч)	[wimi'katʃ]
enchufe (m)	розетка (ж)	[ro'zɛtka]
fusible (m)	запобіжник (ч)	[zapo'biʒnik]
puerta (f)	двері (мн)	['dwɛri]
tirador (m)	ручка (ж)	['rutʃka]
llave (f)	ключ (ч)	[klʲutʃ]
felpudo (m)	килимок (ч)	[kiɫi'mɔk]
cerradura (f)	замок (ч)	[za'mɔk]
timbre (m)	дзвінок (ч)	[dzwi'nɔk]
toque (m) a la puerta	стукіт (ч)	['stukit]
tocar la puerta	стукати	['stukati]
mirilla (f)	вічко (c)	['witʃko]
patio (m)	двір (ч)	[dwir]
jardín (m)	сад (ч)	[sad]
piscina (f)	басейн (ч)	[ba'sɛjn]
gimnasio (m)	спортивний зал (ч)	[spor'tiwnij 'zal]
cancha (f) de tenis	тенісний корт (ч)	['tɛnisnij 'kɔrt]
garaje (m)	гараж (ч)	[ɦa'raʒ]
propiedad (f) privada	приватна власність (ж)	[pri'watna 'wlasnistʲ]
letrero (m) de aviso	попереджувальний напис (ч)	[popɛ'rɛdʒuwalʲnij 'napis]
seguridad (f)	охорона (ж)	[oho'rɔna]
guardia (m) de seguridad	охоронник (ч)	[oho'rɔnik]
renovación (f)	ремонт (ч)	[rɛ'mɔnt]
renovar (vt)	робити ремонт	[ro'biti rɛ'mɔnt]
poner en orden	привести до ладу	[pri'wɛsti do 'ladu]
pintar (las paredes)	фарбувати	[farbu'wati]
empapelado (m)	шпалери (мн)	[ʃpa'lɛri]
cubrir con barniz	покривати лаком	[pokri'wati 'lakom]
tubo (m)	труба (ж)	[tru'ba]
instrumentos (m pl)	інструменти (мн)	[instru'mɛnti]
sótano (m)	підвал (ч)	[pid'wal]
alcantarillado (m)	каналізація (ж)	[kanali'zatsiʲa]

14. La casa. El apartamento. Unidad 2

apartamento (m)	квартира (ж)	[kwar'tira]
habitación (f)	кімната (ж)	[kim'nata]
dormitorio (m)	спальня (ж)	['spalʲnʲa]
comedor (m)	їдальня (ж)	['jidalʲnʲa]

salón (m)	вітальня (ж)	[wi'talʲnʲa]
despacho (m)	кабінет (ч)	[kabi'nɛt]
antecámara (f)	передпокій (ч)	[pɛrɛd'pokij]
cuarto (m) de baño	ванна кімната (ж)	['wana kim'nata]
servicio (m)	туалет (ч)	[tua'lɛt]

| suelo (m) | підлога (ж) | [pid'lɔɦa] |
| techo (m) | стеля (ж) | ['stɛlʲa] |

limpiar el polvo	витирати пил	[witi'rati pil]
aspirador (m), aspiradora (f)	пилосос (ч)	[piło'sɔs]
limpiar con la aspiradora	пилососити	[piło'sɔsiti]

fregona (f)	швабра (ж)	['ʃwabra]
trapo (m)	ганчірка (ж)	[han'tʃirka]
escoba (f)	віник (ч)	['winik]
cogedor (m)	совок (ч) для сміття	[so'wɔk dlʲa smit'tʲa]
muebles (m pl)	меблі (мн)	['mɛbli]
mesa (f)	стіл (ч)	[stil]
silla (f)	стілець (ч)	[sti'lɛts]
sillón (m)	крісло (с)	['krislo]

librería (f)	шафа (ж)	['ʃafa]
estante (m)	полиця (ж)	[po'litsʲa]
armario (m)	шафа (ж)	['ʃafa]

espejo (m)	дзеркало (с)	['dzɛrkalo]
tapiz (m)	килим (ч)	['kiłim]
chimenea (f)	камін (ч)	[ka'min]
cortinas (f pl)	штори (мн)	['ʃtɔri]
lámpara (f) de mesa	настільна лампа (ж)	[na'stilʲna 'lampa]
lámpara (f) de araña	люстра (ж)	['lʲustra]

cocina (f)	кухня (ж)	['kuhnʲa]
cocina (f) de gas	плита (ж) газова	[pli'ta 'ɦazowa]
cocina (f) eléctrica	плита (ж) електрична	[pli'ta ɛlɛkt'ritʃna]
horno (m) microondas	мікрохвильова піч (ж)	[mikrohwiłʲo'wa pitʃ]

frigorífico (m)	холодильник (ч)	[holo'dilʲnik]
congelador (m)	морозильник (ч)	[moro'zilʲnik]
lavavajillas (m)	посудомийна машина (ж)	[posudo'mijna ma'ʃina]
grifo (m)	кран (ч)	[kran]
picadora (f) de carne	м'ясорубка (ж)	[mʲaso'rubka]

exprimidor (m)	соковижималка (ж)	[sokowiʒi'malka]
tostador (m)	тостер (ч)	['tɔstɛr]
batidora (f)	міксер (ч)	['miksɛr]
cafetera (f) (aparato de cocina)	кавоварка (ж)	[kawo'warka]
hervidor (m) de agua	чайник (ч)	['tʃajnik]
tetera (f)	заварник (ч)	[za'warnik]
televisor (m)	телевізор (ч)	[tɛlɛ'wizor]
vídeo (m)	відеомагнітофон (ч)	['widɛo maɦnito'fɔn]
plancha (f)	праска (ж)	['praska]
teléfono (m)	телефон (ч)	[tɛlɛ'fɔn]

15. Los trabajos. El estatus social

director (m)	директор (ч)	[di'rɛktor]
superior (m)	начальник (ч)	[na'tʃalʲnik]
presidente (m)	президент (ч)	[prɛzi'dɛnt]
asistente (m)	помічник (ч)	[pomitʃ'nik]
secretario, -a (m, f)	секретар (ч)	[sɛkrɛ'tar]
propietario (m)	власник (ч)	['wlasnik]
socio (m)	партнер (ч)	[part'nɛr]
accionista (m)	акціонер (ч)	[aktsio'nɛr]
hombre (m) de negocios	бізнесмен (ч)	[biznɛs'mɛn]
millonario (m)	мільйонер (ч)	[milʲo'nɛr]
multimillonario (m)	мільярдер (ч)	[miljar'dɛr]
actor (m)	актор (ч)	[ak'tɔr]
arquitecto (m)	архітектор (ч)	[arhi'tɛktor]
banquero (m)	банкір (ч)	[ba'nkir]
broker (m)	брокер (ч)	['brɔkɛr]
veterinario (m)	ветеринар (ч)	[wɛtɛri'nar]
médico (m)	лікар (ч)	['likar]
camarera (f)	покоївка (ж)	[poko'jiwka]
diseñador (m)	дизайнер (ч)	[di'zajnɛr]
corresponsal (m)	кореспондент (ч)	[korɛspon'dɛnt]
repartidor (m)	кур'єр (ч)	[ku'rʲɛr]
electricista (m)	електрик (ч)	[ɛ'lɛktrik]
músico (m)	музикант (ч)	[muzi'kant]
niñera (f)	няня (ж)	['nʲanʲa]
peluquero (m)	перукар (ч)	[pɛru'kar]
pastor (m)	пастух (ч)	[pas'tuh]
cantante (m)	співак (ч)	[spi'wak]
traductor (m)	перекладач (ч)	[pɛrɛkla'datʃ]
escritor (m)	письменник (ч)	[pisʲ'mɛnik]

carpintero (m)	**тесля** (ч)	['tɛslʲa]
cocinero (m)	**кухар** (ч)	['kuhar]
bombero (m)	**пожежник** (ч)	[po'ʒɛʒnik]
policía (m)	**поліцейський** (ч)	[poli'tsɛjsʲkij]
cartero (m)	**листоноша** (ч)	[listo'nɔʃa]
programador (m)	**програміст** (ч)	[proɦ'ramist]
vendedor (m)	**продавець** (ч)	[proda'wɛts]
obrero (m)	**робочий** (ч)	[ro'bɔtʃij]
jardinero (m)	**садівник** (ч)	[sadiw'nik]
fontanero (m)	**сантехнік** (ч)	[san'tɛhnik]
dentista (m)	**стоматолог** (ч)	[stoma'tɔloɦ]
azafata (f)	**стюардеса** (ж)	[stʲuar'dɛsa]
bailarín (m)	**танцюрист** (ч)	[tantsʲu'rist]
guardaespaldas (m)	**охоронець** (ч)	[oho'rɔnɛts]
científico (m)	**вчений** (ч)	['wtʃɛnij]
profesor (m) (~ de baile, etc.)	**вчитель** (ч)	['wtʃitɛlʲ]
granjero (m)	**фермер** (ч)	['fɛrmɛr]
cirujano (m)	**хірург** (ч)	[hi'rurɦ]
minero (m)	**шахтар** (ч)	[ʃah'tar]
jefe (m) de cocina	**шеф-кухар** (ч)	[ʃɛf 'kuhar]
chofer (m)	**шофер** (ч)	[ʃo'fɛr]

16. Los deportes

tipo (m) de deporte	**вид спорту** (ч)	[wid 'spɔrtu]
fútbol (m)	**футбол** (ч)	[fut'bɔl]
hockey (m)	**хокей** (ч)	[ho'kɛj]
baloncesto (m)	**баскетбол** (ч)	[baskɛt'bɔl]
béisbol (m)	**бейсбол** (ч)	[bɛjs'bɔl]
voleibol (m)	**волейбол** (ч)	[wolɛj'bɔl]
boxeo (m)	**бокс** (ч)	[boks]
lucha (f)	**боротьба** (ж)	[borotʲ'ba]
tenis (m)	**теніс** (ч)	['tɛnis]
natación (f)	**плавання** (с)	['plawanʲa]
ajedrez (m)	**шахи** (мн)	['ʃahi]
carrera (f)	**біг** (ч)	[biɦ]
atletismo (m)	**легка атлетика** (ж)	[lɛɦ'ka at'lɛtika]
patinaje (m) artístico	**фігурне катання** (с)	[fi'ɦurnɛ ka'tanʲa]
ciclismo (m)	**велоспорт** (ч)	[wɛlo'spɔrt]
billar (m)	**більярд** (ч)	[bi'lʲjard]
culturismo (m)	**бодібілдинг** (ч)	[bodi'bildinɦ]
golf (m)	**гольф** (ч)	[ɦolʲf]

buceo (m)	дайвінг (ч)	['dajwinɦ]
vela (f)	парусний спорт (ч)	['parusnij sport]
tiro (m) con arco	стрільба (ж) з луку	[strilʲ'ba z 'luku]
tiempo (m)	тайм (ч)	[tajm]
descanso (m)	перерва (ж)	[pɛ'rɛrwa]
empate (m)	нічия (ж)	[nitʃiʲ'a]
empatar (vi)	зіграти внічию	[zi'ɦrati wnitʃiʲ'u]
cinta (f) de correr	бігова доріжка (ж)	[biɦo'wa do'riʒka]
jugador (m)	гравець (ч)	[ɦra'wɛts]
reserva (m)	запасний гравець (ч)	[zapas'nij ɦra'wɛts]
banquillo (m) de reserva	лава (ж) запасних	['lawa zapas'nih]
match (m)	матч (ч)	[matʃ]
puerta (f)	ворота (мн)	[wo'rɔta]
portero (m)	воротар (ч)	[woro'tar]
gol (m)	гол (ч)	[ɦol]
Juegos (m pl) Olímpicos	Олімпійські ігри (мн)	[olim'pijsʲki 'iɦri]
establecer un record	встановлювати рекорд	[wsta'nɔwlʲuwati rɛ'kɔrd]
final (m)	фінал (ч)	[fi'nal]
campeón (m)	чемпіон (ч)	[tʃɛmpi'ɔn]
campeonato (m)	чемпіонат (ч)	[tʃɛmpio'nat]
vencedor (m)	переможець (ч)	[pɛrɛ'mɔʒɛts]
victoria (f)	перемога (ж)	[pɛrɛ'mɔɦa]
ganar (vi)	виграти	['wiɦrati]
perder (vi)	програти	[proɦ'rati]
medalla (f)	медаль (ж)	[mɛ'dalʲ]
primer puesto (m)	перше місце (с)	['pɛrʃɛ 'mistsɛ]
segundo puesto (m)	друге місце (с)	['druɦɛ 'mistsɛ]
tercer puesto (m)	третє місце (с)	['trɛtɛ 'mistsɛ]
estadio (m)	стадіон (ч)	[stadi'ɔn]
hincha (m)	уболівальник (ч)	[uboli'walʲnik]
entrenador (m)	тренер (ч)	['trɛnɛr]
entrenamiento (m)	тренування (с)	[trɛnu'wanʲa]

17. Los idiomas extranjeros. La ortografía

lengua (f)	мова (ж)	['mɔwa]
estudiar (vt)	вивчати	[wiw'tʃati]
pronunciación (f)	вимова (ж)	[wi'mɔwa]
acento (m)	акцент (ч)	[ak'tsɛnt]
sustantivo (m)	іменник (ч)	[i'mɛnik]
adjetivo (m)	прикметник (ч)	[prik'mɛtnik]
verbo (m)	дієслово (с)	[diɛ'slɔwo]

adverbio (m)	прислівник (ч)	[pris'liwnik]
pronombre (m)	займенник (ч)	[zaj'mɛnik]
interjección (f)	вигук (ч)	['wiɦuk]
preposición (f)	прийменник (ч)	[prij'mɛnik]

raíz (f), radical (m)	корінь (ч) слова	['korinʲ 'slowa]
desinencia (f)	закінчення (с)	[za'kintʃɛnʲa]
prefijo (m)	префікс (ч)	['prɛfiks]
sílaba (f)	склад (ч)	['sklad]
sufijo (m)	суфікс (ч)	['sufiks]

acento (m)	наголос (ч)	['naɦolos]
punto (m)	крапка (ж)	['krapka]
coma (m)	кома (ж)	['koma]
dos puntos (m pl)	двокрапка (ж)	[dwo'krapka]
puntos (m pl) suspensivos	крапки (мн)	[krap'ki]

pregunta (f)	питання (с)	[piˈtanʲa]
signo (m) de interrogación	знак (ч) питання	[znak piˈtanʲa]
signo (m) de admiración	знак (ч) оклику	[znak 'ɔkliku]
entre comillas	в лапках	[w lap'kah]
entre paréntesis	в дужках	[w duʒ'kah]
letra (f)	літера (ж)	['litɛra]
letra (f) mayúscula	велика літера (ж)	[wɛ'lika 'litɛra]

oración (f)	речення (с)	['rɛtʃɛnʲa]
combinación (f) de palabras	словосполучення (с)	[slowospo'lutʃɛnʲa]
expresión (f)	вислів (ч)	['wisliw]

sujeto (m)	підмет (ч)	['pidmɛt]
predicado (m)	присудок (ч)	['prisudok]
línea (f)	рядок (ч)	[rʲa'dok]
párrafo (m)	абзац (ч)	[ab'zats]

sinónimo (m)	синонім (ч)	[siˈnonim]
antónimo (m)	антонім (ч)	[an'tonim]
excepción (f)	виняток (ч)	['winʲatok]
subrayar (vt)	підкреслити	[pid'krɛsliti]

reglas (f pl)	правила (мн)	['prawila]
gramática (f)	граматика (ж)	[ɦra'matika]
vocabulario (m)	лексика (ж)	['lɛksika]
fonética (f)	фонетика (ж)	[fo'nɛtika]
alfabeto (m)	алфавіт (ч)	[alfa'wit]

manual (m)	підручник (ч)	[pid'rutʃnik]
diccionario (m)	словник (ч)	[slow'nik]
guía (f) de conversación	розмовник (ч)	[roz'mɔwnik]
palabra (f)	слово (c)	['slɔwo]
significado (m)	сенс (ч)	[sɛns]
memoria (f)	пам'ять (ж)	['pamʲʲatʲ]

18. La Tierra. La geografía

Tierra (f)	Земля (ж)	[zɛm'lʲa]
globo (m) terrestre	земна куля (ж)	[zɛm'na 'kulʲa]
planeta (m)	планета (ж)	[pla'nɛta]
geografía (f)	географія (ж)	[ɦɛo'ɦrafiʲa]
naturaleza (f)	природа (ж)	[pri'rɔda]
mapa (m)	карта (ж)	['karta]
atlas (m)	атлас (ч)	['atlas]
en el norte	на півночі	[na 'piwnotʃi]
en el sur	на півдні	[na 'piwdni]
en el oeste	на заході	[na 'zahodi]
en el este	на сході	[na 'shɔdi]
mar (m)	море (c)	['mɔrɛ]
océano (m)	океан (ч)	[okɛ'an]
golfo (m)	затока (ж)	[za'tɔka]
estrecho (m)	протока (ж)	[pro'tɔka]
continente (m)	материк (ч)	[matɛ'rik]
isla (f)	острів (ч)	['ɔstriw]
península (f)	півострів (ч)	[pi'wɔstriw]
archipiélago (m)	архіпелаг (ч)	[arhipɛ'laɦ]
ensenada, bahía (f)	гавань (ж)	['ɦawanʲ]
arrecife (m) de coral	кораловий риф (ч)	[ko'ralowij rif]
orilla (f)	берег (ч)	['bɛrɛɦ]
costa (f)	узбережжя (c)	[uzbɛ'rɛzʲa]
flujo (m)	приплив (ч)	[prip'liw]
reflujo (m)	відплив (ч)	[wid'pliw]
latitud (f)	широта (ж)	[ʃiro'ta]
longitud (f)	довгота (ж)	[dowɦo'ta]
paralelo (m)	паралель (ж)	[para'lɛlʲ]
ecuador (m)	екватор (ч)	[ɛk'wator]
cielo (m)	небо (c)	['nɛbo]
horizonte (m)	горизонт (ч)	[ɦori'zɔnt]
atmósfera (f)	атмосфера (ж)	[atmos'fɛra]
montaña (f)	гора (ж)	[ɦo'ra]
cima (f)	вершина (ж)	[wɛr'ʃina]
roca (f)	скеля (ж)	['skɛlʲa]
colina (f)	горб (ч)	[ɦorb]
volcán (m)	вулкан (ч)	[wul'kan]
glaciar (m)	льодовик (ч)	[lʲodo'wik]
cascada (f)	водоспад (ч)	[wodos'pad]

llanura (f)	рівнина (ж)	[riw'nina]
río (m)	ріка (ж)	['rika]
manantial (m)	джерело (с)	[dʒɛrɛ'lɔ]
ribera (f)	берег (ч)	['bɛrɛɦ]
río abajo (adv)	вниз за течією (ж)	[wniz za 'tɛtʃiɛʲu]
río arriba (adv)	уверх по течії	[u'wɛrh po 'tɛtʃiji]
lago (m)	озеро (с)	['ɔzɛrɔ]
presa (f)	гребля (ж)	['ɦrɛblʲa]
canal (m)	канал (ч)	[ka'nal]
pantano (m)	болото (с)	[bo'lɔtɔ]
hielo (m)	крига (ж)	['kriɦa]

19. Los países. Unidad 1

Europa (f)	Європа (ж)	[ɛw'rɔpa]
Unión (f) Europea	Європейський Союз (ч)	[ɛwro'pɛjsʲkij so'ʲuz]
europeo (m)	європеєць (ч)	[ɛwro'pɛɛts]
europeo (adj)	європейський	[ɛwro'pɛjsʲkij]
Austria (f)	Австрія (ж)	['awstriʲa]
Gran Bretaña (f)	Великобританія (ж)	[wɛlikobri'taniʲa]
Inglaterra (f)	Англія (ж)	['anɦliʲa]
Bélgica (f)	Бельгія (ж)	['bɛlʲɦiʲa]
Alemania (f)	Німеччина (ж)	[ni'mɛtʃina]
Países Bajos (m pl)	Нідерланди (ж)	[nidɛr'landi]
Holanda (f)	Голландія (ж)	[ɦo'landiʲa]
Grecia (f)	Греція (ж)	['ɦrɛtsiʲa]
Dinamarca (f)	Данія (ж)	['daniʲa]
Irlanda (f)	Ірландія (ж)	[ir'landiʲa]
Islandia (f)	Ісландія (ж)	[is'landiʲa]
España (f)	Іспанія (ж)	[is'paniʲa]
Italia (f)	Італія (ж)	[i'taliʲa]
Chipre (m)	Кіпр (ж)	[kipr]
Malta (f)	Мальта (ж)	['malʲta]
Noruega (f)	Норвегія (ж)	[nor'wɛɦiʲa]
Portugal (m)	Португалія (ж)	[portu'ɦaliʲa]
Finlandia (f)	Фінляндія (ж)	[fin'lʲandiʲa]
Francia (f)	Франція (ж)	['frantsiʲa]
Suecia (f)	Швеція (ж)	['ʃwɛtsiʲa]
Suiza (f)	Швейцарія (ж)	[ʃwɛj'tsariʲa]
Escocia (f)	Шотландія (ж)	[ʃot'landiʲa]
Vaticano (m)	Ватикан (ч)	[wati'kan]
Liechtenstein (m)	Ліхтенштейн (ч)	[lihtɛn'ʃtɛjn]
Luxemburgo (m)	Люксембург (ч)	[lʲuksɛm'burɦ]
Mónaco (m)	Монако (с)	[mo'nakɔ]

Albania (f)	**Албанія** (ж)	[al'baniᵖa]
Bulgaria (f)	**Болгарія** (ж)	[bol'fariᵖa]
Hungría (f)	**Угорщина** (ж)	[u'fɔrɕina]
Letonia (f)	**Латвія** (ж)	['latwiᵖa]
Lituania (f)	**Литва** (ж)	[lit'wa]
Polonia (f)	**Польща** (ж)	['polᵖɕa]
Rumania (f)	**Румунія** (ж)	[ru'muniᵖa]
Serbia (f)	**Сербія** (ж)	['sɛrbiᵖa]
Eslovaquia (f)	**Словаччина** (ж)	[slo'watʃina]
Croacia (f)	**Хорватія** (ж)	[hor'watiᵖa]
Chequia (f)	**Чехія** (ж)	['ʧɛhiᵖa]
Estonia (f)	**Естонія** (ж)	[ɛs'toniᵖa]
Bosnia y Herzegovina	**Боснія** **і Герцеговина** (ж)	['bɔsniᵖa i fɛrʦɛfo'wina]
Macedonia	**Македонія** (ж)	[makɛ'dɔniᵖa]
Eslovenia	**Словенія** (ж)	[slo'wɛniᵖa]
Montenegro (m)	**Чорногорія** (ж)	[ʧorno'fɔriᵖa]
Bielorrusia (f)	**Білорусь** (ж)	[bilo'rusᵖ]
Moldavia (f)	**Молдова** (ж)	[mol'dɔwa]
Rusia (f)	**Росія** (ж)	[ro'siᵖa]
Ucrania (f)	**Україна** (ж)	[ukra'jina]

20. Los países. Unidad 2

Asia (f)	**Азія** (ж)	['aziᵖa]
Vietnam (m)	**В'єтнам** (ч)	[wˀɛt'nam]
India (f)	**Індія** (ж)	['indiᵖa]
Israel (m)	**Ізраїль** (ч)	[iz'rajilᵖ]
China (f)	**Китай** (ч)	[ki'taj]
Líbano (m)	**Ліван** (ч)	[li'wan]
Mongolia (f)	**Монголія** (ж)	[mon'fɔliᵖa]
Malasia (f)	**Малайзія** (ж)	[ma'lajziᵖa]
Pakistán (m)	**Пакистан** (ч)	[paki'stan]
Arabia (f) Saudita	**Саудівська Аравія** (ж)	[sa'udiwsᵖka a'rawiᵖa]
Tailandia (f)	**Таїланд** (ч)	[taji'land]
Taiwán (m)	**Тайвань** (ч)	[taj'wanᵖ]
Turquía (f)	**Туреччина** (ж)	[tu'rɛtʃina]
Japón (m)	**Японія** (ж)	[ja'pɔniᵖa]
Afganistán (m)	**Афганістан** (ч)	[afhani'stan]
Bangladesh (m)	**Бангладеш** (ч)	[banfla'dɛʃ]
Indonesia (f)	**Індонезія** (ж)	[indo'nɛziᵖa]
Jordania (f)	**Йорданія** (ж)	['ᵖor'daniᵖa]
Irak (m)	**Ірак** (ч)	[i'rak]
Irán (m)	**Іран** (ч)	[i'ran]

Camboya (f)	Камбоджа (ж)	[kam'bodʒa]
Kuwait (m)	Кувейт (ч)	[ku'wɛjt]
Laos (m)	Лаос (ч)	[la'ɔs]
Myanmar (m)	М'янма (ж)	['mʲanma]
Nepal (m)	Непал (ч)	[nɛ'pal]

Emiratos (m pl) Árabes Unidos	Об'єднані Арабські емірати (мн)	[o'bʲɛdnani a'rabsʲki ɛmi'rati]
Siria (f)	Сирія (ж)	['sirʲia]
Palestina (f)	Палестинська автономія (ж)	[palɛ'stinsʲka awto'nomiʲa]
Corea (f) del Sur	Південна Корея (ж)	[piw'dɛna ko'rɛʲa]
Corea (f) del Norte	Північна Корея (ж)	[piw'nitʃna ko'rɛʲa]

Estados Unidos de América	Сполучені Штати Америки (мн)	[spo'lutʃɛni 'ʃtati a'mɛriki]
Canadá (f)	Канада (ж)	[ka'nada]
Méjico (m)	Мексика (ж)	['mɛksika]
Argentina (f)	Аргентина (ж)	[arɦɛn'tina]
Brasil (m)	Бразилія (ж)	[bra'ziliʲa]

Colombia (f)	Колумбія (ж)	[ko'lumbiʲa]
Cuba (f)	Куба (ж)	['kuba]
Chile (m)	Чилі (ж)	['tʃili]
Venezuela (f)	Венесуела (ж)	[wɛnɛsu'ɛla]
Ecuador (m)	Еквадор (ч)	[ɛkwa'dɔr]

Islas (f pl) Bahamas	Багамські острови (мн)	[ba'ɦamsʲki ostro'wi]
Panamá (f)	Панама (ж)	[pa'nama]
Egipto (m)	Єгипет (ч)	[ɛ'ɦipɛt]
Marruecos (m)	Марокко (c)	[ma'rɔkko]
Túnez (m)	Туніс (ч)	[tu'nis]

Kenia (f)	Кенія (ж)	['kɛniʲa]
Libia (f)	Лівія (ж)	['liwiʲa]
República (f) Sudafricana	Південно-Африканська Республіка (ж)	[piw'dɛno afri'kansʲka rɛs'publika]
Australia (f)	Австралія (ж)	[aw'straliʲa]
Nueva Zelanda (f)	Нова Зеландія (ж)	[no'wa zɛ'landiʲa]

21. El tiempo. Los desastres naturales

tiempo (m)	погода (ж)	[po'ɦɔda]
previsión (f) del tiempo	прогноз (ч) погоди (ж)	[proɦ'nɔz po'ɦɔdi]
temperatura (f)	температура (ж)	[tɛmpɛra'tura]
termómetro (m)	термометр (ч)	[tɛr'mɔmɛtr]
barómetro (m)	барометр (ч)	[ba'rɔmɛtr]

| sol (m) | сонце (c) | ['sɔntsɛ] |
| brillar (vi) | світити | [swi'titi] |

soleado (un día ~)	сонячний	['sɔnʲatʃnij]
elevarse (el sol)	зійти	[zij'ti]
ponerse (vr)	сісти	['sisti]
lluvia (f)	дощ (ч)	[doɕ]
está lloviendo	йде дощ	[jdɛ doɕ]
aguacero (m)	проливний дощ (ч)	[proliw'nij doɕ]
nubarrón (m)	хмара (ж)	['hmara]
charco (m)	калюжа (ж)	[ka'lʲuʒa]
mojarse (vr)	мокнути	['mɔknuti]
tormenta (f)	гроза (ж)	[ɦro'za]
relámpago (m)	блискавка (ж)	['bliskawka]
relampaguear (vi)	блискати	['bliskati]
trueno (m)	грім (ч)	[ɦrim]
está tronando	гримить грім	[ɦri'mitʲ ɦrim]
granizo (m)	град (ч)	[ɦrad]
está granizando	йде град	[jdɛ ɦrad]
bochorno (m)	спека (ж)	['spɛka]
hace mucho calor	спекотно	[spɛ'kɔtno]
hace calor (templado)	тепло	['tɛplo]
hace frío	холодно	['hɔlodno]
niebla (f)	туман (ч)	[tu'man]
nebuloso (adj)	туманний	[tu'manij]
nube (f)	хмара (ж)	['hmara]
nuboso (adj)	хмарний	['hmarnij]
humedad (f)	вологість (ж)	[wolo'ɦistʲ]
nieve (f)	сніг (ч)	[sniɦ]
está nevando	йде сніг (ч)	[jdɛ sniɦ]
helada (f)	мороз (ч)	[mo'rɔz]
bajo cero (adv)	нижче нуля	['niʒtʃɛ nu'lʲa]
escarcha (f)	паморозь (ж)	['pamorozʲ]
mal tiempo (m)	негода (ж)	[nɛ'ɦoda]
catástrofe (f)	катастрофа (ж)	[kata'strɔfa]
inundación (f)	повінь (ж)	['powinʲ]
avalancha (f)	лавина (ж)	[la'wina]
terremoto (m)	землетрус (ч)	[zɛmlɛt'rus]
sacudida (f)	поштовх (ч)	['pɔʃtowh]
epicentro (m)	епіцентр (ч)	[ɛpi'tsɛntr]
erupción (f)	виверження (с)	['wiwɛrʒɛnʲa]
lava (f)	лава (ж)	['lawa]
tornado (m)	торнадо (ч)	[tor'nado]
torbellino (m)	смерч (ч)	[smɛrtʃ]
huracán (m)	ураган (ч)	[ura'ɦan]
tsunami (m)	цунамі (с)	[tsu'nami]
ciclón (m)	циклон (ч)	[tsik'lɔn]

22. Los animales. Unidad 1

| animal (m) | тварина (ж) | [twa'rina] |
| carnívoro (m) | хижак (ч) | [hi'ʒak] |

tigre (m)	тигр (ч)	[tiɦr]
león (m)	лев (ч)	[lɛw]
lobo (m)	вовк (ч)	[wowk]
zorro (m)	лисиця (ж)	[li'sitsʲa]
jaguar (m)	ягуар (ч)	[jaɦu'ar]

lince (m)	рись (ж)	[risʲ]
coyote (m)	койот (ч)	[ko'jot]
chacal (m)	шакал (ч)	[ʃa'kal]
hiena (f)	гієна (ж)	[ɦi'ɛna]

ardilla (f)	білка (ж)	['bilka]
erizo (m)	їжак (ч)	[jiˈʒak]
conejo (m)	кріль (ч)	[krilʲ]
mapache (m)	єнот (ч)	[ɛ'nɔt]

hámster (m)	хом'як (ч)	[ho'mʲʲak]
topo (m)	кріт (ч)	[krit]
ratón (m)	миша (ж)	['miʃa]
rata (f)	щур (ч)	[ɕur]
murciélago (m)	кажан (ч)	[ka'ʒan]

castor (m)	бобер (ч)	[bo'bɛr]
caballo (m)	кінь (ч)	[kinʲ]
ciervo (m)	олень (ч)	['ɔlɛnʲ]
camello (m)	верблюд (ч)	[wɛr'blʲud]
cebra (f)	зебра (ж)	['zɛbra]

ballena (f)	кит (ч)	[kit]
foca (f)	тюлень (ч)	[tʲu'lɛnʲ]
morsa (f)	морж (ч)	[morʒ]
delfín (m)	дельфін (ч)	[dɛlʲ'fin]

oso (m)	ведмідь (ч)	[wɛd'midʲ]
mono (m)	мавпа (ж)	['mawpa]
elefante (m)	слон (ч)	[slon]
rinoceronte (m)	носоріг (ч)	[noso'riɦ]
jirafa (f)	жирафа (ж)	[ʒirafa]

hipopótamo (m)	бегемот (ч)	[bɛɦe'mɔt]
canguro (m)	кенгуру (ч)	[kɛnɦu'ru]
gata (f)	кішка (ж)	['kiʃka]

vaca (f)	корова (ж)	[ko'rɔwa]
toro (m)	бик (ч)	[bik]
oveja (f)	вівця (ж)	[wiw'tsʲa]

cabra (f)	коза (ж)	[ko'za]
asno (m)	осел (ч)	[o'sɛl]
cerdo (m)	свиня (ж)	[swi'nʲa]
gallina (f)	курка (ж)	['kurka]
gallo (m)	півень (ч)	['piwɛnʲ]
pato (m)	качка (ж)	['katʃka]
ganso (m)	гусак (ч)	[ɦu'sak]
pava (f)	індичка (ж)	[in'ditʃka]
perro (m) pastor	вівчарка (ж)	[wiw'tʃarka]

23. Los animales. Unidad 2

pájaro (m)	птах (ч)	[ptah]
paloma (f)	голуб (ч)	['ɦolub]
gorrión (m)	горобець (ч)	[ɦoro'bɛts]
carbonero (m)	синиця (ж)	[si'nitsʲa]
urraca (f)	сорока (ж)	[so'rɔka]
águila (f)	орел (ч)	[o'rɛl]
azor (m)	яструб (ч)	['ʲastrub]
halcón (m)	сокіл (ч)	['sɔkil]
cisne (m)	лебідь (ч)	['lɛbidʲ]
grulla (f)	журавель (ч)	[ʒura'wɛlʲ]
cigüeña (f)	чорногуз (ч)	[tʃorno'ɦuz]
loro (m), papagayo (m)	папуга (ч)	[pa'puɦa]
pavo (m) real	пава (ж)	['pawa]
avestruz (m)	страус (ч)	['straus]
garza (f)	чапля (ж)	['tʃaplʲa]
ruiseñor (m)	соловей (ч)	[solo'wɛj]
golondrina (f)	ластівка (ж)	['lastiwka]
pájaro carpintero (m)	дятел (ч)	['dʲatɛl]
cuco (m)	зозуля (ж)	[zo'zulʲa]
lechuza (f)	сова (ж)	[so'wa]
pingüino (m)	пінгвін (ч)	[pinɦ'win]
atún (m)	тунець (ч)	[tu'nɛts]
trucha (f)	форель (ж)	[fo'rɛlʲ]
anguila (f)	вугор (ч)	[wu'ɦɔr]
tiburón (m)	акула (ж)	[a'kula]
centolla (f)	краб (ч)	[krab]
medusa (f)	медуза (ж)	[mɛ'duza]
pulpo (m)	восьминіг (ч)	[wosʲmi'niɦ]
estrella (f) de mar	морська зірка (ж)	[morsʲ'ka 'zirka]
erizo (m) de mar	морський їжак (ч)	[morsʲ'kij ji'ʒak]
caballito (m) de mar	морський коник (ч)	[morsʲ'kij 'kɔnik]

camarón (m)	креветка (ж)	[krɛ'wɛtka]
serpiente (f)	змія (ж)	[zmiˈja]
víbora (f)	гадюка (ж)	[ɦaˈdʲuka]
lagarto (m)	ящірка (ж)	[ˈjaɕirka]
iguana (f)	ігуана (ж)	[iɦuˈana]
camaleón (m)	хамелеон (ч)	[ɦamɛlɛˈɔn]
escorpión (m)	скорпіон (ч)	[skorpiˈɔn]

tortuga (f)	черепаха (ж)	[ʧɛrɛˈpaha]
rana (f)	жабка (ж)	[ˈʒabka]
cocodrilo (m)	крокодил (ч)	[krokoˈdil]
insecto (m)	комаха (ж)	[koˈmaha]
mariposa (f)	метелик (ч)	[mɛˈtɛlik]
hormiga (f)	мураха (ж)	[muˈraha]
mosca (f)	муха (ж)	[ˈmuha]

mosquito (m) (picadura de ~)	комар (ч)	[koˈmar]
escarabajo (m)	жук (ч)	[ʒuk]
abeja (f)	бджола (ж)	[bdʒoˈla]
araña (f)	павук (ч)	[paˈwuk]
mariquita (f)	сонечко (с)	[ˈsɔnɛʧko]

24. Los árboles. Las plantas

árbol (m)	дерево (с)	[ˈdɛrɛwo]
abedul (m)	береза (ж)	[bɛˈrɛza]
roble (m)	дуб (ч)	[dub]
tilo (m)	липа (ж)	[ˈlɨpa]
pobo (m)	осика (ж)	[oˈsɨka]

arce (m)	клен (ч)	[klɛn]
pícea (f)	ялина (ж)	[jaˈlɨna]
pino (m)	сосна (ж)	[sosˈna]
cedro (m)	кедр (ч)	[kɛdr]

álamo (m)	тополя (ж)	[toˈpɔlʲa]
serbal (m)	горобина (ж)	[ɦoroˈbɨna]
haya (f)	бук (ч)	[buk]
olmo (m)	в'яз (ч)	[wˈʲaz]

fresno (m)	ясен (ч)	[ˈjasɛn]
castaño (m)	каштан (ч)	[kaʃˈtan]
palmera (f)	пальма (ж)	[ˈpalʲma]
mata (f)	кущ (ч)	[kuɕ]

seta (f)	гриб (ч)	[ɦrib]
seta (f) venenosa	отруйний гриб (ч)	[otˈrujnij ɦrib]
seta calabaza (f)	білий гриб (ч)	[ˈbilij ˈɦrib]
rúsula (f)	сироїжка (ж)	[siroˈjiʒka]

| matamoscas (m) | мухомор (ч) | [muho'mɔr] |
| oronja (f) verde | поганка (ж) | [po'ɦanka] |

flor (f)	квітка (ж)	['kwitka]
ramo (m) de flores	букет (ч)	[bu'kɛt]
rosa (f)	троянда (ж)	[tro'ʲanda]
tulipán (m)	тюльпан (ч)	[tʲulʲ'pan]
clavel (m)	гвоздика (ж)	[ɦwoz'dika]

manzanilla (f)	ромашка (ж)	[ro'maʃka]
cacto (m)	кактус (ч)	['kaktus]
muguete (m)	конвалія (ж)	[kon'waliʲa]
campanilla (f) de las nieves	пролісок (ч)	['prɔlisok]
nenúfar (m)	латаття (с)	[la'tattʲa]

invernadero (m) tropical	оранжерея (ж)	[oranʒɛ'rɛʲa]
césped (m)	газон (ч)	[ɦa'zɔn]
macizo (m) de flores	клумба (ж)	['klumba]

planta (f)	рослина (ж)	[ros'lina]
hierba (f)	трава (ж)	[tra'wa]
hoja (f)	листок (ч)	[lis'tɔk]
pétalo (m)	пелюстка (ж)	[pɛ'lʲustka]
tallo (m)	стебло (с)	[stɛb'lɔ]
retoño (m)	паросток (ч)	['parostok]

cereales (m pl) (plantas)	зернові рослини (мн)	[zɛrno'wi ros'lini]
trigo (m)	пшениця (ж)	[pʃɛ'nitsʲa]
centeno (m)	жито (с)	['ʒito]
avena (f)	овес (ч)	[o'wɛs]

mijo (m)	просо (с)	['prɔso]
cebada (f)	ячмінь (ч)	[jaʧ'minʲ]
maíz (m)	кукурудза (ж)	[kuku'ruʣa]
arroz (m)	рис (ч)	[ris]

25. Varias palabras útiles

alto (m) (parada temporal)	перерва (ж)	[pɛ'rɛrwa]
ayuda (f)	допомога (ж)	[dopo'mɔɦa]
balance (m)	баланс (ч)	[ba'lans]
base (f) (~ científica)	база (ж)	['baza]
categoría (f)	категорія (ж)	[katɛ'ɦoriʲa]

coincidencia (f)	збіг (ч)	[zbiɦ]
comienzo (m) (principio)	початок (ч)	[po'ʧatok]
comparación (f)	порівняння (с)	[poriw'nʲanʲa]
desarrollo (m)	розвиток (ч)	['rɔzwitok]
diferencia (f)	різниця (ж)	[riz'nitsʲa]
efecto (m)	ефект (ч)	[ɛ'fɛkt]

ejemplo (m)	приклад (ч)	['priklad]
variedad (f) (selección)	вибір (ч)	['wibir]
elemento (m)	елемент (ч)	[ɛlɛ'mɛnt]
error (m)	помилка (ж)	[po'miɫka]
esfuerzo (m)	зусилля (с)	[zu'siʎa]
estándar (adj)	стандартний	[stan'dartnij]
estilo (m)	стиль (ч)	[stiʎ]
forma (f) (contorno)	форма (ж)	['fɔrma]
grado (m) (en mayor ~)	ступінь (ч)	['stupinʲ]
hecho (m)	факт (ч)	[fakt]
ideal (m)	ідеал (ч)	[idɛ'al]
modo (m) (de otro ~)	спосіб (ч)	['spɔsib]
momento (m)	момент (ч)	[mo'mɛnt]
obstáculo (m)	перешкода (ж)	[pɛrɛʃ'kɔda]
parte (f)	частина (ж)	[ʧas'tina]
pausa (f)	пауза (ж)	['pauza]
posición (f)	позиція (ж)	[po'zitsiʲa]
problema (m)	проблема (ж)	[prob'lɛma]
proceso (m)	процес (ч)	[pro'tsɛs]
progreso (m)	прогрес (ч)	[proɦ'rɛs]
propiedad (f) (cualidad)	властивість (ж)	[wlas'tiwistʲ]
reacción (f)	реакція (ж)	[rɛ'aktsiʲa]
riesgo (m)	ризик (ч)	['rizik]
secreto (m)	таємниця (ж)	[taɛm'nitsʲa]
serie (f)	серія (ж)	['sɛriʲa]
sistema (m)	система (ж)	[sis'tɛma]
situación (f)	ситуація (ж)	[situ'atsiʲa]
solución (f)	рішення (с)	['riʃɛnʲa]
tabla (f) (~ de multiplicar)	таблиця (ж)	[tab'litsʲa]
tempo (m) (ritmo)	темп (ч)	[tɛmp]
término (m)	термін (ч)	['tɛrmin]
tipo (m) (p.ej. ~ de deportes)	вид (ч)	[wid]
turno (m) (esperar su ~)	черга (ж)	['ʧɛrɦa]
urgente (adj)	терміновий	[tɛrmi'nɔwij]
utilidad (f)	користь (ж)	['kɔristʲ]
variante (f)	варіант (ч)	[wari'ant]
verdad (f)	істина (ж)	['istina]
zona (f)	зона (ж)	['zɔna]

26. Los adjetivos. Unidad 1

abierto (adj)	відкритий	[wid'kritij]
adicional (adj)	додатковий	[dodat'kɔwij]

agrio (sabor ~)	кислий	['kislij]
agudo (adj)	гострий	['hɔstrij]
amargo (adj)	гіркий	[hir'kij]
amplio (~a habitación)	просторий	[prɔs'tɔrij]
antiguo (adj)	давній	['dawnij]
arriesgado (adj)	ризикований	[rizi'kowanij]
artificial (adj)	штучний	['ʃtutʃnij]
azucarado, dulce (adj)	солодкий	[so'lɔdkij]
bajo (voz ~a)	тихий	['tihij]
bello (hermoso)	гарний	['harnij]
blando (adj)	м'який	[mʲa'kij]
bronceado (adj)	засмаглий	[zas'mahlij]
central (adj)	центральний	[tsɛn'tralʲnij]
ciego (adj)	сліпий	[sli'pij]
clandestino (adj)	підпільний	[pid'pilʲnij]
compatible (adj)	сумісний	[su'misnij]
congelado (pescado ~)	заморожений	[zamo'rɔʒɛnij]
contento (adj)	задоволений	[zado'wɔlɛnij]
continuo (adj)	тривалий	[tri'walij]
cortés (adj)	ввічливий	['wvitʃliwij]
corto (adj)	короткий	[ko'rɔtkij]
crudo (huevos ~s)	сирий	[si'rij]
de segunda mano	уживаний	[u'ʒiwanij]
denso (~a niebla)	щільний	['ɕilʲnij]
derecho (adj)	правий	['prawij]
difícil (decisión)	важкий	[waʒ'kij]
dulce (agua ~)	прісний	['prisnij]
duro (material, etc.)	твердий	[twɛr'dij]
enfermo (adj)	хворий	['hwɔrij]
enorme (adj)	величезний	[wɛli'tʃɛznij]
especial (adj)	спеціальний	[spɛtsi'alʲnij]
estrecho (calle, etc.)	вузький	[wuzʲ'kij]
exacto (adj)	точний	['tɔtʃnij]
excelente (adj)	добрий	['dɔbrij]
excesivo (adj)	надмірний	[nad'mirnij]
exterior (adj)	зовнішній	['zɔwniʃnij]
fácil (adj)	легкий	[lɛh'kij]
feliz (adj)	щасливий	[ɕas'liwij]
fértil (la tierra ~)	родючий	[ro'dʲutʃij]
frágil (florero, etc.)	крихкий	[krih'kij]
fuerte (~ voz)	гучний	[hutʃ'nij]
fuerte (adj)	сильний	['silʲnij]
grande (en dimensiones)	великий	[wɛ'likij]
gratis (adj)	безкоштовний	[bɛzkoʃ'tɔwnij]

importante (adj)	важливий	[waʒ'liwij]
infantil (adj)	дитячий	[di'tʲatʃij]
inmóvil (adj)	нерухомий	[nɛru'hɔmij]
inteligente (adj)	розумний	[ro'zumnij]
interior (adj)	внутрішній	['wnutriʃnij]
izquierdo (adj)	лівий	['liwij]

27. Los adjetivos. Unidad 2

largo (camino)	довгий	['dɔwɦij]
legal (adj)	законний	[za'kɔnij]
ligero (un metal ~)	легкий	[lɛɦ'kij]
limpio (camisa ~)	чистий	['tʃistij]
líquido (adj)	рідкий	[rid'kij]

liso (piel, pelo, etc.)	гладкий	['ɦladkij]
lleno (adj)	повний	['pɔwnij]
maduro (fruto, etc.)	дозрілий	[do'zrilij]
malo (adj)	поганий	[po'ɦanij]
mate (sin brillo)	матовий	['matowij]

misterioso (adj)	загадковий	[zaɦad'kɔwij]
muerto (adj)	мертвий	['mɛrtwij]
natal (país ~)	рідний	['ridnij]
negativo (adj)	негативний	[nɛɦa'tiwnij]
no difícil (adj)	неважкий	[nɛwaʒ'kij]

normal (adj)	нормальний	[nor'malʲnij]
nuevo (adj)	новий	[no'wij]
obligatorio (adj)	обов'язковий	[obowʲjaz'kɔwij]
opuesto (adj)	протилежний	[proti'lɛʒnij]
ordinario (adj)	звичайний	[zwi'tʃajnij]

original (inusual)	оригінальний	[oriɦi'nalʲnij]
peligroso (adj)	небезпечний	[nɛbɛz'pɛtʃnij]
perfecto (adj)	чудовий	[tʃu'dɔwij]
personal (adj)	персональний	[pɛrso'nalʲnij]
pobre (adj)	бідний	['bidnij]

poco claro (adj)	неясний	[nɛ'ʲasnij]
poco profundo (adj)	мілкий	[mil'kij]
posible (adj)	можливий	[moʒ'liwij]
principal (~ idea)	основний	[osnow'nij]
principal (la entrada ~)	головний	[ɦolow'nij]

probable (adj)	імовірний	[imo'wirnij]
público (adj)	громадський	[ɦro'madsʲkij]
rápido (adj)	швидкий	[ʃwid'kij]
raro (adj)	рідкісний	['ridkisnij]
recto (línea ~a)	прямий	[prʲa'mij]

sabroso (adj)	смачний	[smatʃˈnij]
siguiente (avión, etc.)	наступний	[naˈstupnij]
similar (adj)	схожий	[ˈshɔʒij]
sólido (~a pared)	міцний	[mitsˈnij]
sucio (no limpio)	брудний	[brudˈnij]
tonto (adj)	дурний	[durˈnij]
triste (mirada ~)	сумний	[sumˈnij]
último (~a oportunidad)	останній	[osˈtanij]
último (~a vez)	минулий	[miˈnulij]
vacío (vaso medio ~)	пустий	[pusˈtij]
viejo (casa ~a)	старий	[staˈrij]

28. Los verbos. Unidad 1

abrir (vt)	відчинити	[widtʃiˈniti]
acabar, terminar (vt)	закінчувати	[zaˈkintʃuwati]
acusar (vt)	звинувачувати	[zwinuˈwatʃuwati]
agradecer (vt)	дякувати	[ˈdʲakuwati]
almorzar (vi)	обідати	[oˈbidati]
alquilar (~ una casa)	наймати	[najˈmati]
anular (vt)	скасувати	[skasuˈwati]
anunciar (vt)	оголошувати	[oɦoˈlɔʃuwati]
apagar (vt)	вимикати	[wimiˈkati]
autorizar (vt)	дозволяти	[dozwoˈlʲati]
ayudar (vt)	допомагати	[dopomaˈɦati]
bailar (vi, vt)	танцювати	[tantsʲuˈwati]
beber (vi, vt)	пити	[ˈpiti]
borrar (vt)	видалити	[ˈwidaliti]
bromear (vi)	жартувати	[ʒartuˈwati]
bucear (vi)	пірнати	[pirˈnati]
caer (vi)	падати	[ˈpadati]
cambiar (vt)	поміняти	[pomiˈnʲati]
cantar (vi)	співати	[spiˈwati]
cavar (vt)	рити	[ˈriti]
cazar (vi, vt)	полювати	[polʲuˈwati]
cenar (vi)	вечеряти	[wɛˈtʃɛrʲati]
cerrar (vt)	закривати	[zakriˈwati]
cesar (vt)	припиняти	[pripiˈnʲati]
coger (vt)	ловити	[loˈwiti]
comenzar (vt)	починати	[potʃiˈnati]
comer (vi, vt)	їсти	[ˈjisti]
comparar (vt)	зрівнювати	[ˈzriwnʲuwati]
comprar (vt)	купляти	[kupˈlʲati]
comprender (vt)	розуміти	[rozuˈmiti]

confiar (vt)	довіряти	[dowi'rʲati]
confirmar (vt)	підтвердити	[pid'twɛrditi]
conocer (~ a alguien)	знати	['znati]
construir (vt)	будувати	[budu'wati]
contar (una historia)	розповідати	[rozpowi'dati]
contar (vt) (enumerar)	лічити	[li'tʃiti]
contar con …	розраховувати на …	[rozra'howuwatɨ na]
copiar (vt)	скопіювати	[skopiʲu'wati]
correr (vi)	бігти	['biɦti]
costar (vt)	коштувати	['kɔʃtuwati]
crear (vt)	створити	[stwo'riti]
creer (en Dios)	вірити	['wiriti]
dar (vt)	давати	[da'wati]
decidir (vt)	вирішувати	[wɨ'riʃuwati]
decir (vt)	сказати	[ska'zati]
dejar caer	упускати	[upus'kati]
depender de …	залежати	[za'lɛʒati]
desaparecer (vi)	зникнути	['zniknuti]
desayunar (vi)	снідати	['snidati]
despreciar (vt)	зневажати	[znɛwa'ʒati]
disculpar (vt)	вибачати	[wɨba'tʃati]
disculparse (vr)	вибачатися	[wɨba'tʃatisʲa]
discutir (vt)	обговорювати	[obɦo'worʲuwati]
divorciarse (vr)	розлучитися	[rozlu'tʃitisʲa]
dudar (vt)	сумніватися	[sumni'watisʲa]

29. Los verbos. Unidad 2

encender (vt)	вмикати	[wmiʲ'kati]
encontrar (hallar)	знаходити	[zna'ɦoditi]
encontrarse (vr)	зустрічатися	[zustri'tʃatisʲa]
engañar (vi, vt)	обманювати	[ob'manʲuwati]
enviar (vt)	відправляти	[widpraw'lʲati]
equivocarse (vr)	помилятися	[pomi'lʲatisʲa]
escoger (vt)	вибирати	[wɨbiʲ'rati]
esconder (vt)	ховати	[ho'wati]
escribir (vt)	писати	[pi'sati]
esperar (aguardar)	чекати	[tʃɛ'kati]
esperar (tener esperanza)	сподіватися	[spodi'watisʲa]
estar ausente	бути відсутнім	['buti wid'sutnim]
estar cansado	втомлюватися	['wtɔmlʲuwatisʲa]
estar de acuerdo	погоджуватися	[po'ɦɔdʒuwatisʲa]
estudiar (vt)	вивчати	[wiw'tʃati]
exigir (vt)	вимагати	[wima'ɦati]

existir (vi)	існувати	[isnu'wati]
explicar (vt)	пояснювати	[poˈjasnʲuwati]
faltar (a las clases)	пропускати	[propusˈkati]
felicitar (vt)	вітати	[wiˈtati]
firmar (~ el contrato)	підписувати	[pidˈpisuwati]
girar (~ a la izquierda)	повертати	[powɛrˈtati]
gritar (vi)	кричати	[kriˈʧati]
guardar (conservar)	зберігати	[zbɛriˈɦati]
gustar (vi)	подобатися	[poˈdɔbatisʲa]
hablar (vi, vt)	розмовляти	[rozmowˈlʲati]
hablar con ...	розмовляти з ...	[rozmowˈlʲati z]
hacer (vt)	робити	[roˈbiti]
hacer la limpieza	прибирати	[pribiˈrati]
insistir (vi)	наполягати	[napolʲaˈɦati]
insultar (vt)	ображати	[obraˈʒati]
invitar (vt)	запрошувати	[zaˈprɔʃuwati]
ir (a pie)	йти	[jti]
jugar (divertirse)	грати	[ˈɦrati]
leer (vi, vt)	читати	[ʧiˈtati]
llegar (vi)	приїжджати	[prijiˈʒati]
llorar (vi)	плакати	[ˈplakati]
matar (vt)	убивати	[ubiˈwati]
mirar a ...	дивитися	[diˈwitisʲa]
molestar (vt)	заважати	[zawaˈʒati]
morir (vi)	померти	[poˈmɛrti]
mostrar (vt)	показувати	[poˈkazuwati]
nacer (vi)	народитися	[naroˈditisʲa]
nadar (vi)	плавати	[ˈplawati]
negar (vt)	заперечувати	[zapɛˈrɛʧuwati]
obedecer (vi, vt)	підкоритися	[pidkoˈritisʲa]
odiar (vt)	ненавидіти	[nɛnaˈwiditi]
oír (vt)	чути	[ˈʧuti]
olvidar (vt)	забувати	[zabuˈwati]
orar (vi)	молитися	[moˈlitisʲa]

30. Los verbos. Unidad 3

pagar (vi, vt)	платити	[plaˈtiti]
participar (vi)	брати участь	[ˈbrati ˈuʧastʲ]
pegar (golpear)	бити	[ˈbiti]
pelear (vi)	битися	[ˈbitisʲa]
pensar (vi, vt)	думати	[ˈdumati]
perder (paraguas, etc.)	губити	[ɦuˈbiti]
perdonar (vt)	прощати	[proˈɕati]
pertenecer a ...	належати	[naˈlɛʒati]

poder (v aux)	могти	[moɦ'ti]
poder (v aux)	могти	[moɦ'ti]
preguntar (vt)	запитувати	[za'pituwati]
preparar (la cena)	готувати	[ɦotu'wati]

prever (vt)	передбачити	[pɛrɛd'batʃiti]
probar (vt)	доводити	[do'wɔditi]
prohibir (vt)	заборонити	[zaboro'niti]
prometer (vt)	обіцяти	[obi'ʦati]
proponer (vt)	пропонувати	[proponu'wati]
quebrar (vt)	ламати	[la'mati]

quejarse (vr)	скаржитися	['skarʒitisʲa]
querer (amar)	кохати	[ko'hati]
querer (desear)	хотіти	[ho'titi]
recibir (vt)	отримати	[ot'rimati]
repetir (vt)	повторювати	[pow'tɔrʲuwati]
reservar (~ una mesa)	резервувати	[rɛzɛrwu'wati]

responder (vi, vt)	відповідати	[widpowi'dati]
robar (vt)	красти	['krasti]
saber (~ algo mas)	знати	['znati]
salvar (vt)	рятувати	[rʲatu'wati]
secar (ropa, pelo)	сушити	[su'ʃiti]

sentarse (vr)	сідати	[si'dati]
sonreír (vi)	посміхатися	[posmi'hatisʲa]
tener (vt)	мати	['mati]
tener miedo	боятися	[bo'ʲatisʲa]

tener prisa	поспішати	[pospi'ʃati]
tener prisa	поспішати	[pospi'ʃati]
terminar (vt)	припиняти	[pripiʲ'nʲati]
tirar, disparar (vi)	стріляти	[stri'lʲati]
tomar (vt)	брати	['brati]
trabajar (vi)	працювати	[praʦʲu'wati]

traducir (vt)	перекладати	[pɛrɛkla'dati]
tratar (de hacer algo)	намагатися	[nama'hatisʲa]
vender (vt)	продавати	[proda'wati]
ver (vt)	бачити	['batʃiti]
verificar (vt)	перевіряти	[pɛrɛwi'rʲati]
volar (pájaro, avión)	летіти	[lɛ'titi]